KB036853

# 당신의 분노에는
# 이유가 있다

# 당신의 분노에는 이유가 있다

## 툭하면 화가 나는 당신을 위한 분노 처방전

충페이충 지음 | 권소현 옮김

더페이지

들어가며

# 모래알을 품어 진주를 만드는 분노

분노는 우리에게 익숙하고도 낯선 감정이다.

분노는 거의 매일 우리와 함께하기에 익숙하고, 불쑥불쑥 솟아날 때는 당황스러워서 낯설기도 하다. 어떤 사람은 분노를 분명히 드러내지만, 어떤 사람은 은근하고 애매하게 표출한다. 불같이 화내며 분노하는 사람이 있는가 하면, 어떤 사람은 말수가 줄고 냉랭해진다. 어떤 방식으로 분노를 드러내든, 분노는 우리 마음속에서 자주 일어난다.

대개 자신이 분노했다는 사실은 알지만, 분노의 배후에 무엇이 있는지는 생각하지 않는다. 분노는 겉으로 드러나는 현상일 뿐 그 배후에는 억울함, 기대, 심판, 무력감, 두려움이 존재한다. 우리는 분노를 표현하는 데는 익숙하지만, 그 배후에 담긴 정보를 이해하는 데는 서툴다. 그렇기에 분노는 우리에게 낯설게 다가온다.

분노 안에도 사랑이 존재하는 걸 아는가? 우리가 조금이라도 상대방을 생각하는 마음이 없다면 절대로 분노할 일이 없다. 그저 짜증이 나고 화만 날 뿐이다. 분노로까지 치닫는 것은 상대를 생각하는 마음이 깊기 때문이다.

나를 찾아온 많은 내담자가 배우자, 부모, 자녀, 상사, 동료, 낯선 사람에게 분노한다고 말한다. 이 분노 때문에 그들은 괴롭고 무력감에 빠진다. 그런데 이들은 화를 내거나 꾹 참는 것 외에 다른 방식으로는 분노를 해결하지 못하는 듯하다.

많은 관계가 분노 때문에 망가지고, 많은 일이 분노 때문에 수포로 돌아간다. 사람은 분노하면 순간적으로 사고 능력을 잃고 본능에 따라 안타까운 결정을 한다. 사실 분노에 따른 결과가 꼭 실패로 연결될 필요는 없으며 또 다른 더 좋은 가능성으로 이어질 수도 있다.

나도 분노라는 감정을 절제하지 못하거나 표출하지 못할 때가 있다. 또 당연하다는 듯이 '당신 잘못이야.', '당신이 이러면 안 되지.'라고 생각해서 스스로 놀랄 때도 있다.

나 자신에게 그 이유를 물어본 결과, 그 배후에 나도 모르는 놀랍고 풍부한 세상이 있었다. 그래서 나는 생각하기 시작했다.

'분노의 근원은 무엇일까?, 무엇 때문에 사람들은 분노할 때 당연하다고 생각할까?'

분노의 배후에는 정보도 많은데 우리가 밝혀낼 수 있는 것은 왜 적을까?

그래서 나는 사람들이 분노의 과정을 탐구할 수 있도록 '분노 분석표'를 만들었다. 사용설명서에 따라 문장을 완성한 후 반복해서 읽고 생각하면 자신의 분노를 새롭게 인식하고 분노를 이해할 수 있을 것이다.

## 분노 뒤에 숨어 있는 6가지 원인 감정

분노의 근원은 '분노 분석표'에서 분석한 여섯 가지 부분에서 찾을 수 있다.

### 1. 분노는 심판이다

상대방이 나의 기준이나 규칙에 어긋날 때 분노한다. 그럴 때 나는 신의 시각으로 상대방을 평가하고 화를 낸다. 나는 맞고 상대방이 틀렸으므로 상대방이 변해야 한다. 이것이 분노의 첫 번째 원인 감정이다.

### 2. 분노는 기대다

자신의 요구나 기대가 좌절될 때 상대방에게 분노한다. 상대방이 나를 위해 무언가를 해주길 바라고 나의 조력자가 되었으면 한다. 그런데 상대방이 여기에 응하지 않으면 나는 화를 낸다. 상대방은 내가 바라는 대로 행동해야 한다고 생각하기 때문이다. 이는 분노의 두 번째 원인 감정이다.

### 3. 분노는 자기 요구다

분노는 다른 사람에게 요구하는 것처럼 보이지만 사실은 자신을 향한 요구다. 나에게 요구하는 것을 다른 사람에게 요구하는 것뿐이다. 잠재의식은 언제나 모두가 자신이 정한 '바른' 방식으로 살아야 한다고 생각한다. 내가 이렇게 해야 하기 때문에 다른 사람도 마찬가지라고 여기기 때문이다. 이는 분노의 세 번째 원인 감정이다.

### 4. 분노는 감정의 연결이다

분노할 때 그 배후에는 억울함, 두려움, 무력감 등 나약한 감정이 존재한다. 분노는 상대방이 자신의 이런 감정을 들여다보고 다독여 주길 바란다. 분노는 타인 역시 자신의 내면과 같이 억울함, 두려움, 무력감과 같은 감정을 갖도록 만들 수 있다. 그러면 타인이 분노한 자신을 더 잘 이해할 수 있다고 생각한다. 지금 나는 무력하기 때문에 상대방도 자신의 무력감을 느껴야 한다. 이는 분노한 사람의 네 번째 원인 감정이다.

### 5. 분노는 두려움이다

사람들이 분노하는 이유는 그렇게 해야 큰 위험을 피한다고 생각하기 때문이다. 따라서 타인에게 화를 내는 이유는 타인이 더 나쁜 위험을 만나지 않길 바라서다. 분노의 배후에는 더 심각한 결과를 초래할 것 같은 두려움이 존재한다. 그래서 분노는 자기를 보호하기도 하고 타인을 보호하기도 한다. 나와 상대방 모두 나쁜 상황을 불러오는 행동을 하지 않기를 바란다. 이는 분노한 사람의 다섯 번째 원인 감정이다.

**6. 분노는 사랑이다**

분노의 배후에는 헌신이 자리한다. 누구나 상대방을 위해 많은 것을 바친 만큼 상대방 역시 나에게 많은 것을 희생하길 바란다. 상대방의 사랑을 얻고 싶어서 내가 먼저 상대방에게 사랑을 바친다. 그래서 많이 희생하고 헌신하는 사람은 쉽게 분노한다. 하지만 헌신과 보답은 완전한 대응 관계를 이루지 않는다. 헌신한 만큼 대가를 얻지 못하는 건 당연한 일이다. 내가 상대방을 사랑하기 때문에 상대방도 나를 사랑하길 원하는 것. 이는 분노한 사람의 여섯 번째 원인 감정이다.

## 분노는 이해해야 하는 존재

분노는 나쁜 일이 아니다. 우리에게 필요한 것은 분노를 억누르거나 충동적으로 분출하는 것이 아니라 자신의 분노를 이해하는 것이다. '이해'야말로 변화를 이끄는 최고의 길이다.

이 책의 모든 내용에 동의할 수 없다면 공감 가는 부분을 찾아 그와 관련된 분노만 생각해도 큰 도움이 될 것이다. 또 꼭 분노에 휩싸였을 때 생각할 필요는 없다. 분노가 지나간 후에 혼자 있을 때 돌이켜보면서 이 책의 부록에서 제공한 '분노 분석표'를 훑어본 후 자신에게 왜 분노했는지 물어보면 된다.

성장은 무지에서 출발해 깨달음을 얻고, 통찰까지 가는 과정이다. 어쩌면 '이렇게 많은 것을 아는 것이 무슨 소용이 있을까? 이치는 다 알아도 여전히 화가 나는데.'라고 생각할지도 모르겠다.

변화가 낯설 수도 있다. 변화는 단일한 시각에서 다원화된 시각으로의 전환이다. 변화를 바란다는 의미는 '반드시 다르게 해야 한다'는 것이 아니라 '다르게 해도 된다'는 뜻이다. 분노를 새롭게 인지하면 선택 사항이 하나 더 늘어난다. 단순히 분노를 억누르는 것이 아니라 더 심층적인 측면에서 분노를 해결할 수 있다.

기존의 단일한 시각은 익숙하고 자연스러운 반면, 새로운 시각은 낯설고 이상하고 의심스러우며 거부하고 싶을 것이다. 문제를 바라보는 관점을 바꿨기에 불편할 수도 있다. 에너지가 부족할 때는 기존의 틀대로 분노해도 된다. 나중에 감정이 사그라들고 에너지가 회복된 후 다시 한번 생각해 보자. 그때 나는 어떻게 했고 왜 분노했는가.

그 과정에서 나는 조금씩 단단해지면서 나를 이해할 가능성이 커진다.

당신은 분노할 자유가 있다. '분노할 자유'란 분노를 생각하고, 분노를 억누르고, 분노를 분출하고, 분노를 이용할 수 있다는 말이다.

이 책은 주로 타인을 향한 분노에 대해 다룬다. 자신에 대한 분노도 같은 원리이므로 이왕이면 유추를 통해 자신의 분노에 대해 생각해 볼 기회를 갖기를 바란다.

저자 충페이충

## 차례

## 3장 분노는 기대다



## 4장 분노는 자기 요구다

## 7장 분노는 사랑이다



부록

# 1장

# 분노를 이해하다

# 걷잡을 수 없는 분노, 이렇게 대처하라

당신은 분노한 경험이 있는가? 분명 그렇다고 대답할 것이다.

그렇다면 최근에 언제 분노했는지, 누구에게 분노했는지 기억하는가? 살아오면서 가장 크게 분노한 건 언제이고, 그때 어떻게 대처했는가?

답을 생각하다 보면 누구나 분노를 경험하지만 계속 분노한 상태로 있는 사람은 없다는 사실을 깨닫는다. 이는 무엇을 의미할까?

**결국 분노는 지나간다.**

그런데 분노는 어떻게 지나갈까? 분노의 감정이 끓어오를 때마다 어떻게 대처하는가? 분노를 환영하고 이용하는가? 아니면 배척하고 대항하는가?

우리는 알게 모르게 분노에 대처하기 위해 보통 4가지의 방식을 선택한다. 사람들은 분노를 대하는 태도가 단순한 편이다. 대다수가 분노를 억누르거나 아니면 표출한다. 심리적으로 성숙한 극소수의 사람들만이 분노를 탐구하고 그 배후에 숨겨진 의미를 알고자 한다. 나아가 분노를 통해 자신에게 모종의 가치를 선사하기도 한다.

분노는 비바람이나 번개처럼 세상에 당연히 존재하는 자연의 일부다. 이를 이용하는 방법을 익히면 거대한 자원으로 활용할 수 있지만, 그렇지 않으면 종종 재난이 된다.

분노를 탐구하는 첫걸음은 바로 '자신이 분노를 어떻게 다루고 있는지를 아는 것'이다.

## 내 안의 분노를 어떻게 다스리는가?

분노를 느꼈을 때 이를 혐오하거나 받아들이지 못하는 사람이 있는가 하면, 자신의 분노가 바람직하지 않고 잘못된 감정이라고 생각하는 사람도 있다. 이들은 자신의 분노를 억누른다. 분노를 억누른다는 것은 그 순간 자신의 분노를 허락하지 않고 분노가 외부로 드러나지 않도록 이성으로 통제하여 자신 안에 가둔다는 뜻이다.

### 자기 강요를 통해 분노를 억누른다

'자기 강요'는 세상의 이치를 토대로 화내지 말 것, 감정 관리법과 수용하는 법을 배워 성숙한 사람이 될 것 등을 자신에게 설득하고 요구하는 방식이다. 이 방식을 이용하는 사람들은 '가족에게 최고의 사랑을 주는 것이 선이다', '사랑한다면 수용해야 한다', '화내지 마라' 등의 관념을 따른다. 이들은 분노를 참으면 분노가 없어진다고 여긴다.

예를 들어 부모는 '자녀에게 화를 내면 안 된다'고 생각하고, 고객 상담사는 '고객에게 화를 내면 안 된다'고 여기며, 회사원은 '상사에게 화를 내면 안 된다'고 다짐한다. 또 품위를 중시하는 사람은 '공공장소에서 화를 내거나 싸우면 안 된다'고 생각한다. 하지만 사실 이들은 세상의 이치를 동원해 자신에게 분노하지 말라고 압박하는 것이다. 그런데 현실은 바라는 대로 되지 않는다. 아무리 스스로 올바른 이치를 강조해도, 침착한 모습을 보이기 위해 노력해도 분노는 사라지지 않는다.

### 자기 위안을 통해 분노를 억누른다

우리가 분노하는 이유는 상처를 입었기 때문이다. 그런데 '사실 별로 상처 입지 않았어. 그건 내게 별일 아니야.'라며 자신을 위로하는 사람들이 있다. 이들은 심지어 '그만두자', '화낼 가치도 없어', '참아', '그럴 필요 없잖아', '난 상관없어' 같은 말로 대수롭지 않은 일이라고 자신을 다독인다. 일종의 정신 승리법인 이 방식 또한 본질적으로 분노를 억누른다.

예를 들어 돈을 갈취당했다든가 누군가에게 영문도 모른 채 욕설을 들었다면 납득하기 어렵다. '나는 잘못하지 않았는데 피해를 입었어.'라는 생각이 든다. 하지만 곧 생각을 바꿔 '사실 별일 아니잖아. 액땜이라고 생각하자.'라며 자신을 위로한다. 분명히 신경 쓰이고 불편하지만 전혀 개의치 않는다고 자신에게 말한다.

자기 암시는 더 높은 수준의 자기 위안이다. 분노하는 일을 겪을 때마다 '난 사실 포용력이 강한 사람이야. 긍정적인 에너지가 가득한 사람이지. 불평하지 않는 사람이 될 거야.'라고 자신에게 암시한다.

자기 위안을 통해 분노를 억누르는 사람은 자신이 능동적이라고 여긴다. 이들은 '너의 잘못을 해결할 방법이 없는 것이 아니라 내가 개의치 않기로 한 거야.'라고 생각한다. 그리고 이러한 자기 위안을 통해 한결 나아진 기분을 느낀다.

### 분노 자체를 부인한다

자신의 억울한 감정을 소홀히 하는 사람들이 있다. 다른 사람 때문에 생긴 억울함을 참고 견디는 것에 익숙하기 때문이다. '인생이 원래 그렇지 뭐'라고 자조하는 말버릇이 이를 대변한다. 이들은 흔히 무의식적으로 자신의 분노를 차단한다. 따라서 자신의 분노를 자각하지 못하지만 그렇다고 분노의 감정이 없다는 뜻은 아니다.

이들에게 "그 일이 정말 조금도 억울하지 않았어?"라고 물어보면 어떻게 답할까. 이들은 그런 일로 억울해하면 안 된다고 여긴다. 이들은 분노 감정이 없는 것이 아니라 그런 일은 평범하고 정상적이라고 생각해서 분노할 필요가 없고, 이미 익숙해진 일을 겪었기 때문에 분노를 느끼지 못했을 뿐이다.

분노를 부인할 때의 가장 좋은 점은 상처받은 기분을 강렬하게 느끼지 않는 것이다. 그리고 분노를 부인하면 '분노하지 않는 사람'이라는 좋은 이미지를 유지할 수 있다.

### 주의를 다른 데로 돌린다

분노를 느낄 때 이를 잊기 위해 다른 일을 강행하는 행동으로 분노에 대한 주의를 전환하기도 한다. 예를 들어 어떤 일 때문에 분노가 일어나면 바쁘게 집안일을 하거나 술을 마신다. 화가 나는 순간에 다른 일을 이용해 분노를 강하게 끊어 내는 것이다.

나는 부모들이 이런 방식으로 자녀의 분노에 대처하는 경우를 많이 봤다. 아이가 화를 내면 부모가 가장 먼저 하는 행동은 아이의 상태에 관심을 보이며 무엇 때문에 억울한지 살피는 것이 아니라 아이의 주의를 전환하기 위해 "우리 맛있는 것 먹으러 갈까?"라고 아이의 분노를 모른 척한다. 또는 아이의 화난 모습을 촬영해서 보여주며 얼마나 보기 안 좋은지 알려 주기도 한다. 하지만 주의를 전환하면 분노를 잠재의식 안에 가둘 뿐, 분노는 사라지지 않는다.

# 참지 못한 분노가 일으키는 행동들

분노를 참고 싶지 않거나 참을 수 없을 때가 있다. 이럴 때는 자신의 감정대로 분노를 대외적으로 드러내며 다음과 같은 행동을 하게 된다.



**상대방을 비난한다**

비난은 매우 흔히 보는 분노 표출 방식이다. 반려견이 집 안에서 아무 곳에 배설했을 때, 가족이 마음에 들지 않는 행동을 할 때, 직원의 업무 성과에 불만이 있을 때도 화를 내고 비난을 가

한다. 비난의 핵심은 '나는 상처 받았어! 나를 불쾌하게 했으니 나도 널 괴롭게 할 거야!'이다.

비난하는 사람은 속이 후련할 것 같지만 비난을 마친 후에도 화가 풀리지 않거나 자신이 나쁜 사람이라는 생각까지 든다.

### 상대방을 비평한다

비평하는 사람은 감정을 슬쩍 억누르는 듯한 태도를 취한다. 품위를 지키는 듯 보이지만 비평하는 동안 분노가 조금씩 새어 나온다. 다 잠그지 않은 수도꼭지에서 물줄기가 조금씩 흘러나오는 것처럼 말이다.

자녀가 말을 듣지 않아 화가 나면 어떻게 할까? 공부를 잘 하지 않으면 장래가 없다고 말하며 아이에게 잘못을 깨닫고 행동을 바꾸라고 요구한다. 비난과 비평은 다르다. 비평은 상대방에게 이치를 늘어놓으며 빈틈없는 화술로 괴롭힌다. 하지만 비난은 기선을 제압하고 상대방에게 두려움을 줘서 반항할 수 없게 만드는 것이 핵심이다. 비평하는 사람은 '난 당신과 옳고 그름을 따지며 문제를 논하고 해결하려는데, 당신은 왜 화를 내지?'라며 억울해한다. 사실 이들이 놓친 부분이 있다. 자신은 상대방과 이치를 논하고 따진다고 여기지만 상대방의 의견에는 귀를 기울이지 않는다. 그러니까 비평은 소통이 아닌 자신의 감정을 발산하는 수단일 뿐이다.

### 자신의 내면을 적극적으로 표현한다

적극적인 내면 표현은 상대방에게 자신의 기분이 어떤지, 어떤 상처를 받았는지, 자신이 왜 화가 났는지 명확하게 드러내는 방식이다. 이는 비평보다 높은 수준이다. 비평이 사람의 마음 상태보다는 사건 자체에 집중한다면, 적극적인 내면 표현은 그 순간 어떤 상처를 받았는지, 감정 상태를 드러내기 때문이다.

예를 들어 분노가 일어나면 '계속 내 메시지에 답장하지 않았잖아, 정말 화가 난단 말이야. 무시 받은 느낌이거든. 아주 불편해!'처럼 상대방에게 속마음을 직접적으로 알려 준다.

### 행동을 통해 적극적으로 분출한다

분노를 드러내고 싶지만 말로 표현하기 어려워하는 사람들이 있다. 두뇌 회전이 느려서 상대방을 화술로 이기지 못하고 이치도 제대로 설명하지 못하는 경우가 그렇다. 가끔 제대로 말을 해도 상대방이 듣지 않거나 못 들은 척하니 헛수고처럼 느껴진다. 이런 사람들은 분노를 표현하는 데 어려움이 있어서 분노를 드러내고자 할 때 물건 던지기, 안색 바꾸기, 냉랭한 분위기 조성, 폭력 등 언어 이외의 것으로 분노를 표출한다. 관계에서 나타나는 일부 폭력 행위는 분노를 정상적으로 표현할 수 없을 때 나타나는 결과다. 그러니까 이는 그저 분노 표출의 방식일 뿐이다. 폭력을 억제하는 가장 효과적인 방법은 분노를 해결하는 것이다.

## 분노는 반드시 드러날 수밖에 없다

사람들이 분노를 억누르는 데는 한계가 있다. 감정 억압에는 이성이 작용하지만, 감정 표현에는 감성이 작용한다. 억압은 이성의 역량이고, 표현은 감성의 역량이다. 몸 안에서 전혀 다른 힘이 움직인다는 말이다. 그런데 이성은 한계가 있고 감성은 무한하다. 따라서 분노를 억누르고 싶더라도 다음의 두 상황에서 이성은 무력화된다.

### 분노치가 너무 높으면 이성은 힘을 잃는다

분노치가 너무 높아지면 감성이 이성을 능가하고 분노가 주도적인 위치를 차지하면서 충동적인 행동을 저지를 수 있다. 고객에게 화를 참지 못했다가 일자리를 잃기도 하고, 자녀에게 화를 냈다가 자녀가 가출하기도 한다. 모두 순간적인 분노를 참지 못해 일어난 심각한 결과다.

사실 화를 참지 못하는 것은 지극히 정상이다. 사람의 이성은 상한선이 있고 끝없이 인내할 수 있는 사람은 없기 때문이다.

**오랜 관계에서 감성이 이성을 지배한다**

매일 함께하는 오랜 관계라면 갈등은 반드시 일어나기 마련이다. 그런데 감정을 항상 억누르기만 한다면 언젠가 이성을 다 소모하게 되는데, 이때 나도 모르게 감성에 의해 움직인다. 이것이 바로 가까운 사람에게 쉽게 화를 내지만 다른 사람에게 친절한 이유 중 하나다. 사회적 관계 또는 단기적인 관계에 놓인 타인이 불쾌함을 줬다면 이성을 발휘해 감정을 통제하고 참을 수 있다. 하지만 친밀한 관계에서 오랜 시간 이성으로 자신을 통제하면 피로감이 쌓인다.

잘 분노하지 않는다고 말하는 사람이 있다면 그에게는 2가지 이유가 있다. 첫째, 그는 감정을 차단한 것이다. 과도한 자극을 감당하기 어렵기 때문에 자신을 보호하기 위해 자신의 감정과 연결을 끊어 버렸다.

둘째, 장기적인 관계를 유지한 적이 없다. 이런 사람은 다른 사람과 오랜 시간 친밀하게 지낸 적이 없다. 따라서 거의 분노하지 않는 사람은 사실 매우 외로운 사람일 확률이 높다.

## 분노의 파괴력도 긍정 에너지가 된다

아침에 일어나 뜨거운 아메리카노를 마시다가 그만 입을 데었다. 이때 느껴지는 통증은 나의 입술이 화상을 입었을 수도 있다고 경고한다. 그러면 얼른 찬물을 한 모금 마시고 통증을 완화한다. 아픔을 좋아하는 사람은 없지만 이는 꼭 필요한 감각이다. 뜨거운 아메리카노를 마셨는데도 통증을 느끼지 못한다면 더 무서울 것이다. 입술이 화상을 입어도 깨닫지 못하고 상처가 더 심각해져도 모를 수 있기 때문이다. 신체의 통증은 일종의 신호다. 통증은 우리 몸에 문제가 생겼음을 알려 준다.

**분노 역시 신호다.**

분노는 괴로운 감정이지만 우리의 마음 깊은 곳에 이상 증상이 나타났다고 알려 주므로 의미가 있다. 이때 분노를 억누르거나 표출하는 방법 말고도 그 순간의 분노에 대해 생각해 보는 방법도 있다.

**나의 마음은 무엇을 겪었는가?**
**나의 삶 어디에 문제가 생겼는가?**
**분노는 나에게 어떤 정보를 알려 주는가?**

우리가 어떤 행동을 해야 한다면 그 대상은 분노가 아니라 마음속의 진짜 문제다. 마음속부터 변화를 준다면 더 즐겁고 행복해질 수 있다. 단지 분노는 내 마음을 알기 위한 기회를 주는 출발점에 불과하다. 분노라는 신호가 전달하는 정보를 탐구하고 해석하면 마음속 진짜 문제를 해결할 수 있고 이럴 때 분노 신호도 '깜빡임'을 멈춘다. 아마도 이쯤 되면 분노라는 감정이 준 선물이 고마울 것이다. 우리는 지금부터 분노가 주는 여러 가지 측면을 알아봐야 한다.

분노에 대한 탐구는 다음 6가지 측면에서 전개할 수 있다.

- 분노 안의 심판
- 분노 안의 기대
- 분노 배후의 자기 요구
- 분노 안의 사랑
- 분노 안의 상처
- 분노 안의 욕구

이는 이 책의 핵심 내용이기도 하다.

분노를 탐구할 때의 장점은 명확하다. 자신을 이해하고 더 강하게 변화시키는 최고의 방법이다. 하지만 분노 탐구에도 한계가 있다. 아무 때나 분노를 탐구할 수 있는 것은 아니다. 이따금 자신만의 세계에 빠지는 것보다 더 중요하고 먼저 처리해야 하는 일도 있다.

심리적으로 단단할 때 분노를 탐구해야 한다.

우리의 마음이 매우 취약해질 때가 있다. 그저 위로받고 보호받고 싶을 때는 많은 것들을 생각하고 싶지 않다. 분노를 탐구한다는 것은 마치 자신의 몸을 수술하듯 내 몸 안에서 또 다른 자아를 끌어내어 자신의 분노를 바라보는 것이다. 이는 쉬운 일이 아니다.

따라서 나는 분노가 지나간 후에 분노를 탐구하라고 제안한다. 분노가 한바탕 일고 사라진 후, 에너지와 여력, 관심이 있을 때 당시 상황을 복기하며 분노에 대해 조금 더 깊이 생각해도 충분하다.

분노는 사실 하나의 도구다. 게다가 아주 큰 에너지를 지닌 도구다. 이 에너지를 '파괴력'이라고 부르며 분노의 공격성이 너무 크다고 생각하는 사람도 있다. 사실 파괴력도 하나의 에너지다. 이를 잘못 사용하면 피해를 낳지만 제대로 활용하면 창조력으로 탈바꿈할 수 있다. 분노를 이용할 줄 알면 목적을 달성하는 데 많은 도움이 된다. 분노에 대한 내재적 탐구를 마친 후 분노를 이용하면 인격의 성장에도 도움이 될 수 있다. 사람은 분노를 통해 차츰 자신을 알아가고 분노할 필요가 없음을 깨닫는다.

분노의 필요성을 느끼지 못하는 것과 분노할 줄 모르는 것은 전혀 다르다. 분노의 필요성을 느끼지 못하는 것은 마음에 분노가 없기 때문이다. 반면 분노할 줄 모른다면 단순하게 분노를 억누르고 있는 경우가 많다.

## 분노를 에너지로 바꾸면 일어나는 일

상대방을 변화시켜 만족감을 얻는다

업무를 게을리하는 직원에게 분노를 드러내 보자. 이때 당신의 분노는 직원이 문제를 인식하고 업무에 성실히 임하도록 유도하기 위해 꼭 필요한 경고다. 잔소리보다 분노는 한방에 큰 힘을 발휘해 더 효과적이다. 남편이 집안일을 소홀히 한다면 분노를 표현해서 남편의 주의를 불러일으키고 책임과 의무를 각인시킬 수 있다. 그런데 모든 분노가 상대방을 변화시킬 수 있는 것은 아니다. 폭탄이 무조건 다 산을 깎고 길을 허물지는 않는다. 분노의 에너지가 부족하면 상대방은 꿈쩍도 하지 않을 수 있다.

분노를 이용해 상대를 변화시키려면 대가를 치러야 한다고 생각하는 사람도 있다. 그렇다면 어떤 방법이 대가를 치르지 않고도 다른 사람을 바꿀 수 있을까? 다른 사람을 변화시킬 더 훌륭한 방법이 있다면 당연히 좋겠지만 그런 방법이 없다면 자신의 능력 안에서 분노를 이용해 보자. 분노가 다른 사람을 바꿀 유일한 방법은 아니지만 특별하고 효과적인 방법임은 분명하다.

**경계를 지키고 상처를 피할 수 있다**

당신을 비난하고 모욕감을 주는 사람이 있다면 그 사람에게 분노해야 한다. 당신이 분노하면 그 사람은 즉시 입을 닫고 존중해 줄 것이다. 친구가 자꾸 돈을 빌려 달라고 할 때도 분노할 수 있다. 그 친구는 자신의 행위가 불편함을 준다는 점을 알아야 한다. 개인의 경계도 국경과 마찬가지로 강력한 무기를 사용해 다른 사람의 침범을 막아야 한다. 물론 내재적인 에너지가 충분해서 굳건하고 안정적으로 경계를 지킬 수 있다면 부드러움과 결연함만 발휘하면 되지 분노를 이용해 경계를 지킬 필요는 없다. 하지만 내재적인 힘이 약하면 분노를 이용해야 한다.

### 관심과 사랑을 얻는다

배우자가 휴대전화만 붙들고 있거나, 게임만 하거나, 야근을 핑계로 매일 집에 늦게 들어올 때 분노하면 배우자는 수중의 일을 내려놓고 상대방에게 집중한다. 친밀한 관계라는 이유로 화를 내지 않으면 상대방은 영원히 당신이 원하는 것을 모른다. 많은 부모가 순종적인 자녀를 바라지만 사실 순종적인 자녀는 부모에게 소홀한 대접을 받기 십상이다.

### 분노의 에너지가 창조력이 된다

분노의 에너지를 다른 분야로 옮기면 놀라운 창조력으로 승화된다. 운동은 분노를 표출하는 흔하고 쉬운 방법 가운데 하나다.

기분이 안 좋을 때 달리기를 하면 마음이 진정된다고 말하는 사람도 있다. 복싱, 달리기 등은 확실히 분노 감정을 해소하는 데 도움이 된다. 이와 같은 강도의 운동은 공격성을 완화할 수 있다.

요컨대 운동을 통해 분노 에너지를 신체 건강의 동력으로 삼을 수 있다.

**도전할 수 있는 용기를 준다**

사람은 분노하면 가끔 이성을 잃고 행동하기도 한다. 물건을 필요 이상으로 많이 사거나 최고급 레스토랑에서 비싼 메뉴를 시키며 스트레스를 해소한다. 또 예정치 않은 여행을 가거나 익스트림 스포츠를 시도하기도 한다. 평소 쉽사리 사지 못하고 하지 못했던 일들이지만 분노 상태에서는 과감히 행동한다. 새로운 도전을 하는 것과 주의 전환을 통해 분노를 억누르는 것은 전혀 다르다. 분노 에너지를 집안일이나 회사 업무 등으로 돌려 분노를 잊고자 한다면 그것은 억압 행위이다.

과거의 패배를 설욕하고 긴 시간 갈고 닦으며 분발심을 키우는 데 분노가 밑받침이 된다. 거대한 향상심은 억울함, 모욕감, 미움 등의 감정에 기대어 형성된다. '패배를 인정할 수 없어'와 같이 쉽게 사라지지 않는 원한을 마음속에 품은 사람들은 다른 사람을 이기기 위해 남몰래 경쟁하며 자신의 공격성을 해소한다.

분노를 이용할 때는 전제가 있다. 바로 '분노를 받아들이고 허락하는 것'이다. 분노에 맞서지 말고 분노와 함께 일어서야 한다는 생각이 필요하다. 야생마를 다루듯 분노를 자신에게 도움이 되는 방향으로 끌고 가야 한다. 그리고 분노를 이용할 때 행동이 정상적인 방향과 멀어졌다면 바로 행동을 멈추거나 방향을 바꿔야 한다. 말을 길들이려면 적절한 방향으로 가면서 속도를 높여야 한다. 하지만 말이 갈피를 잡지 못하고 날뛰면 부상을 입을 수도 있다.

## 내 안의 분노
## 톺아보기

1 분노했던 그 순간을 다시 정리해 보세요. 자신의 감정을 어떻게 처리했나요? 그 해결 방법은 만족스러웠나요?

2 분노를 억누른 적이 있나요? 언제인가요? 억누른 이유는 무엇인가요? 그 방식의 장점과 단점은 무엇인가요?

3 자신의 분노를 표출한 적이 있나요? 언제인가요? 왜 그랬나요? 어떤 방식으로 표현했나요? 그 방식의 장점과 단점은 무엇인가요?

4 분노했던 경험을 기억해 보세요. 그 분노는 당신에게 어떤 정보를 주었나요? 분노를 통해 더 훌륭한 인품을 쌓고 자아 성장을 실현하는 방법은 무엇이라고 생각하나요?

5 분노했던 경험을 기억해 보세요(앞의 사례 이용 가능). 당신의 분노가 어떤 목적을 달성하는 데 도움이 되었나요? 자신의 분노를 이용해 어떤 일을 했나요? 그 분노를 다시 경험한다면 그 분노에 어떻게 대처할 건가요?

2장

# 분노는 심판이다

## 1가지 행위, 100가지 해석

한 여성이 나에게 말했다. “우리 아이는 밥 먹을 때 입으로 들어가는 밥은 겨우 반이고 나머지는 다 바닥에 흘려요.”

이 아이의 어머니가 되어 보자. 내 아이가 이런 식으로 밥을 먹으면 어떤 생각이 들까? 어떤 기분이 들고 어떻게 반응할까? 아이의 행동을 어떻게 해석하겠는가?

아이의 행동은 여러 가지로 해석할 수 있다.

**‘음식을 낭비하고 있잖아! 엄마 화났어!’**

'널 위해서 힘들게 식사 준비를 했는데 버릇없이 먹다니, 엄마 화났어!'

'먹고 싶을 땐 야무지게 먹더니 오늘은 또 안 먹네. 우리 아이는 주관이 참 확실하구나, 정말 독특한 아이야!'

'얼마나 식욕이 없으면 반만 먹을까. 그런데도 참고 먹느라 고생했어!'

'밥을 장난감처럼 가지고 놀다가 떨어뜨렸구나. 아이들은 뭘 줘도 잘 논다니까.'

아이가 밥 먹는 행위에 대해 100가지도 넘는 해석이 가능하다. 그리고 이를 어떻게 해석하는지에 따라 기분이 달라진다. 또 똑같은 기분을 느끼더라도 그 이유가 다 다를 수 있다. 아이가 그런 행동을 한 진짜 이유는 뭘까? 어떻게 이해하는 것이 맞을까?

위의 해석들은 모두 충분한 가능성이 있다. 하지만 당사자와 소통하고 진짜 상황을 알아보기 전까지는 다 추측일 뿐이다. 대다수 부모는 자녀의 이런 행동을 보며 자신만의 해석을 한 후 자신의 이해에 따라 반응한다. 대표적인 반응은 화를 내는 행동이다.

따라서 화가 나는 이유는 타인의 행동이 아니라 타인의 행위에 대한 해석 때문이다. 이 해석의 과정이 바로 '라벨링labeling'이다.

## 타인의 행위에 대한 나의 해석, 라벨링

다른 사람의 행동과 말은 모두 외부 자극이다. 이 외부 자극이 우리의 눈, 귀, 코, 피부 등 감각기관을 통해 유입되면서 우리에게 영향을 준다. 하지만 자극 자체가 분노를 일으키지는 않는다. 자극이 중추신경 계통을 통해 대뇌로 전달되고, 대뇌는 판단을 거쳐 타인의 행위를 정의한다. 대뇌가 이 이해의 과정을 거치면 타인에 대한 분노가 시작된다.

따라서 라벨링은 '명명命名', 혹은 '심판'이라고도 할 수 있다.

이 과정은 자신이 판단했는지 의식하지 못할 정도로 빠르게 진행되고, 우리는 그 판단에 따라 반응한다.

자녀가 학교에서 돌아오자마자 밤늦게까지 핸드폰만 들고 있다면 어떨까? 숙제할 생각은 없고 놀기만 하는 상황을 마주한 대뇌는 무슨 라벨을 붙일까?

어떤 부모는 '나태하다', '불성실하다', '학업을 게을리한다' 등의 라벨을 붙인다. 자녀에게 이런 종류의 라벨을 붙인 후 자녀의 행동이 너무하다는 생각이 들면서 분노 감정이 형성된다. 어떤 부모는 '여유를 즐긴다', '공부와 휴식의 균형을 맞춘다'와 같은 라벨을 붙인다. 이들은 자녀의 핸드폰 사용이 과하지 않고 적정선에서 관리하는 것 같아 그다지 걱정되지 않는다.

또 퇴근한 남편이 집안일에 관심이 없고 아이와 함께 시간을 보내지도 않으며 소파에 누워만 있다고 가정해 보자. 게다가 아내와 대화도 나누지 않고 휴대전화 게임만 한다. 그 상황을 목격했다면 어떤 라벨을 붙일 수 있을까?

'가정에 관심이 없다', '무책임하다', '나를 사랑하지 않는다'와 같은 라벨을 붙인 아내는 남편에게 분노한다. 한편 '남편이 무척 피곤하구나', '가정을 위해 남편이 고생하는구나' 같은 라벨을 붙인 아내는 남편의 고충을 이해하고자 한다.

라벨링은 자신의 내재적인 경험과 이해에 따라 외재적인 사물을 가공하는 과정이다. 이 과정이 그다음의 감정을 결정한다. 따라서 분노에 대해 탐구하기 전에 먼저 라벨을 찾아야 한다. 그리고 라벨에 대한 탐구는 '나는 분노할 때 타인을 어떻게 평가하는가?'에 대한 답을 찾는 과정이다.

## 라벨은 사실이 아니다

어떤 사람들은 "남편이 가정에 관심이 없고 이기적이에요. 내가 그렇게 생각하는 것이 아니라 그 사람은 원래 이기적이에요. 사실이에요. 모두 그가 이기적이라고 생각하거든요."라고 말한다. 또 어떤 사람들은 "우리 아이가 숙제하는 모습을 보면 너무 답답해요. 모두가 느끼는 사실이에요. 선생님도 그렇게 말씀하셨어요."라고 말한다.

'사실'이란 뭘까? 사실은 객관적이고 관찰자가 달라져도 바뀌지 않는다. 돌 하나의 무게가 2kg이라면 누가 재도 2kg이어야 한다. 그런데 위의 사례에서 말하는 '모두'라는 관찰자는 정말 다수의 이야기일까? 본인이 알고 있는 지인 몇 명이 아닐까? 그리고 본인들은 어떻게 생각할까? 당사자인 이들 또한 자신을 이기적이고 게으르다고 생각할까? 아마 이들은 자신을 그렇게 평가하지 않을 것이다. 이기적이고 답답하다는 것은 단편적인 하나의 개인의 시각에서 나온 평가다.

물론 절대적으로 객관적인 사실은 존재하지 않는다. '2kg', '무겁다'는 인류가 생활의 편리를 위해 발명한 라벨이다. 지금 우리는 상대적으로 객관적인 사실에 대해 말하고 있다.

누군가에게 내린 '이기적이다', '우둔하다', '믿을 수 없다', '냉정하다'와 같은 평가는 우리의 대뇌가 만들어낸 사실이지 객관적인 사실이 아니다. 그런데 우리는 그것이 개인적인 평가라는 것을 깨닫지 못하고 객관적인 사실이라고 오해한다.

우물 안 개구리 우화는 모두가 알고 있을 것이다. 우물가로 날아온 새가 말했다. "만 리 밖에서 날아왔더니 목이 너무 말라." 그러자 개구리가 이렇게 말했다. "거짓말! 하늘이 우물 입구만 한데 어떻게 만 리 밖에서 날아올 수 있겠어?" 우물 안의 개구리는 하늘이 우물 입구만 하다고 여긴다.

자신이 가진 인지의 틀 안에 갇힌 사람은 자기 생각만이 사실이라고 여긴다. 다른 사람이 설명해도 이들은 상대방이 사실을 부정한다고 생각하고 더욱 분노한다. 이들의 분노에 담긴 의미는 이렇다.

'당신이 어떤 사람인지는 내가 결정해! 반드시 나에게 동의해야 해. 반박은 필요 없어!'

## 상대방의 진짜 모습을 가리는 라벨링

라벨링은 다른 사람을 주의 깊게 관찰하지 않는 행위다. 상대방에게 라벨을 붙이면 그 사람의 진면목을 알아볼 동력을 상실하기 때문이다. 일단 라벨을 붙이면 우리는 라벨링했다는 사실을 망각하고 다른 탐색을 할 가능성을 포기한다. 자신이 이해한 바에 집착하면 그 사람의 진짜 모습을 볼 수 없다.

부모가 자녀에게 자주 '넌 너무 게을러!'라고 말한다면 어떨까? 이런 라벨을 붙인 부모는 게으름에 분노하느라 자녀가 왜 그런지, 자녀에게 무슨 일이 있는 것은 아닌지 차분히 생각할 기회를 놓친다.

아내가 남편에게 "당신은 너무 무책임해요! 너무 무능하고 이기적이에요!"라고 일반화된 라벨을 붙이면 아내는 남편이 왜 그런지, 남편에게 무슨 일이 있는지 알아볼 흥미를 잃는다.

긍정적인 라벨 역시 주의 깊게 관찰하지 않은 결과다. 상대방이 "내 모습이 당신이 생각했던 것과 다르다면, 여전히 나를 좋아하겠어요?"라고 의문을 품을 수 있다.

예를 들어 부모는 자녀가 매우 우수하다고 생각해 왔지만 정작 자녀는 자신이 정말 우수한지 회의감이 들 때도 있다. 자녀는 자신이 우수하지 못해도 여전히 부모의 사랑을 받을 수 있을지 두려움에 빠진다. 또 설령 자신이 우수하다고 믿었어도 사회에 진출한 뒤 타인으로부터 우수하다는 평가를 받지 못한다면 자존감이 무너질 수 있다. 그래서 칭찬만 받고 자란 아이는 사회에 진출한 후에 종종 상처와 아픔을 겪는다.

또 당신을 좋아하는 누군가가 당신의 장점을 끊임없이 늘어놓는다고 생각해 보자. 당신은 기뻐할까, 아니면 반대로 '나에 대해 과대망상을 하는 것은 아닐까? 만일 내가 그 사람이 상상한 사람이 아니라면 그래도 나를 좋아할까?'라며 의심할 것이다.

상대방의 행위를 명명할수록 그 사람의 진짜 모습을 보기 어렵다. 라벨이 상대방과 나 사이를 가로막기 때문이다. 그래서 라벨에 집착할수록 진실한 유대 관계를 형성하기 어려운 것이다.

그러므로 긍정적인 라벨이든 부정적인 라벨이든 라벨링은 타인의 진정한 모습을 가린다.

사실 다른 사람에게 라벨을 붙이는 건 상대를 대하기에 간편한 방법이다. 상대방이 라벨을 인정하면 분노할 일도 없다. 그런데 상대방이 나의 관점에 완전히 동의하기란 매우 어려운 일이다. 그리고 상대방이 자신의 행동에 내린 해석이 나와 다르면 분노가 일어난다.

하지만 누군가에게 분노하기 전에 생각해야 할 문제가 있다.

**그 일이 일어났을 때 내가 붙인 라벨은 무엇인가?**
**상대방이 나에게 붙인 라벨은 무엇인가?**
**두 사람의 라벨이 다르면 어떻게 해결해야 할까?**

분노를 해결하려면 서로 붙인 라벨이 다르다는 것을 인지하고 그 라벨의 차이를 해결해야 한다.

## 내 안의 분노 톺아보기

**1** 분노의 경험을 기억하며 자신에게 물어보세요. 상대방의 행동이 어떤 행위라고 생각하나요? 상대방의 행위를 형용사로 표현할 수 있나요?

..........................................................................................

..........................................................................................

**2** 다음의 문장에 가장 알맞다고 생각하는 단어를 넣어 완성해 보세요. 그리고 당신을 분노하게 한 사람이 앞에 서 있다고 생각하고 큰 소리로 읽어 보세요.

- **당신은 ..............................! 내가 그렇게 정했어!**
- **당신은 ..............................! 내 생각에 동의해야 해!**
- **당신은 ..............................한/인 사람이야! 당신도 그렇게 생각해야 해!**

**3** 이 방법을 쓴 후 당신은 어떤 기분과 생각이 드나요? 또 상대방은 당신이 붙인 라벨에 동의할까요?

..........................................................................................

..........................................................................................

..........................................................................................

# 내게 중요한 것이 너에게 시시한 이유

상대방과 말다툼을 할 때, 두 사람이 같은 문제를 두고 다툰다고 생각하지만 사실 다른 화제인 경우가 있다.

예를 들어 휴대전화 이야기를 할 때 한 사람은 색상이 중요하지만 다른 한 사람은 사양에 더 관심이 많다. 두 사람이 어떤 휴대전화가 좋은지 평가하는 것 같지만 근본적으로 다른 차원의 이야기를 나누고 있다. 문제는 둘 다 상대방의 이야기를 이해하지 못한다는 사실을 모르고 상대방이 협조하지 않는다며 화를 낸다.

사실 라벨링보다 더 심각한 문제는 상대방에게 라벨을 붙여놓고 표현하지 않는 것이다. 그러면 상대방은 자신이 어떤 시선을 받는지 모른다. 마찬가지로 상대방 역시 라벨을 붙여놓고도 드러내지 않으면 두 사람은 서로가 무엇을 중시하는지 알 수 없다.

## 다른 차원에서 이뤄지는 전혀 다른 소통

한 여성이 나에게 이렇게 말했다.

"아침에 전날 먹다 남은 전을 먹으려고 했는데 별로 맛이 없었어요. 그래서 얼른 갓 구운 빵을 사 왔지요. 매일 힘들게 공부하는 아이에게 맛있는 음식을 먹이고 싶어서요. 그런데 남편이 그걸 보고서는 '전이 아직 남았는데 다른 음식을 사 오다니, 남은 음식은 버리려고?'라며 화를 냈어요. 남편이 어떻게 그렇게 말할 수 있는지 화가 났어요! 내가 얼마나 아이를 생각하는지 모르는 걸까요? 도대체 무슨 논리로 그렇게 말하는 건지. 맛없다고 바로 버리는 것도 아니잖아요?"

나는 그녀에게 물었다.

"그래서 어떻게 해결했나요?"

그녀는 이렇게 말했다.

“화가 많이 났지만 침착하게 말했어요. ‘버리지 않을 거야. 식은 전은 달걀 물을 입혀서 다시 부치면 돼.’”

이 여성은 자신의 분노 감정을 최대한 절제하고 남편과 침착하게 소통했다. 하지만 이런 소통 방식은 너무 소모적이고 큰 효과도 없다. 두 사람은 근본적으로 다른 화제를 이야기하고 있기 때문이다.

그녀는 남편의 행동에 ‘아이를 생각하는 나의 마음을 보지 않았다’라는 라벨을 붙였다. 그녀는 남편과 ‘나는 아이를 생각한다’라는 화제로 소통하고자 했다. 하지만 그녀의 남편은 그녀가 새 빵을 사는 행위에 ‘낭비’라는 라벨을 붙였다. 그는 ‘낭비하지 말자’라는 말을 하고 싶었다.

이 여성이 빵을 사 오자 한 사람은 ‘아이를 생각하는 마음’에 대해, 다른 한 사람은 ‘낭비’ 문제에 대해 말하고 있다. 두 사람은 근본적으로 다른 차원의 이야기를 하고 있는 것이다.

인생은 참 슬프다. 내가 아무리 화를 내도 상대는 내가 왜 화가 났는지 모른다. 더 슬픈 것은 나 역시 ‘상대방이 모른다’는 사실을 모른다는 것이다.

## 내가 붙인 라벨을 드러내라

분노는 우리가 어떤 특성을 중시하는지 알려 준다. 상대방과 소통하려면 내가 붙인 라벨을 드러내야 한다.

**이 일은 나에게 ○○를 대변해.**
**○○ 문제는 나에게 아주 중요해.**
**○○는 내 인생의 중요한 가치관이야.**
**내가 중요시하는 부분을 신경 써 주면 좋겠어.**

앞에서 언급한 여성이 남편이 빵을 샀다고 비난하자 이번에는 이렇게 말한다.

"빵을 샀다는 것은 내가 아이에게 신경 쓴다는 뜻이고, 아이를 생각한다는 것은 나에게 중요한 문제야. 내가 뭘 중요하게 생각하는지 알아줬으면 좋겠어."

남편도 말한다.

"난 음식을 다 먹지도 않고 새로 샀다는 문제에 중점을 뒀어. 그것은 낭비잖아. 낭비하지 않는 것은 내 인생에서 중요한 가치야. 내가 낭비 문제에 얼마나 민감한지 알아주면 좋겠어."

이제야 두 사람은 진정한 소통을 했다.

한 친구가 나에게 말했다.

"아이가 스스로 주말 계획을 세웠어. 나는 아이를 존중하고 싶어서 하루 종일 간섭하지 않았지. 그런데 저녁 8시쯤 확인해 보니 아이가 노는 것은 계획대로 했지만 숙제 3개 중 2개는 하지 않았더라고. 그래서 나는 화를 냈어. 아이가 내 믿음을 저버렸고 나는 아이에게 실망했으니까."

친구는 자녀의 행동에 '나의 믿음을 저버렸다'는 라벨을 붙였다. 그런데 자녀는 자신에게 어떤 라벨이 붙었는지 알까? 그저 숙제를 하지 않아서 부모가 화가 났다는 것만 알 것이다. '믿음을 저버려서' 화가 났다는 사실을 영원히 알지 못하고 그저 '엄마는 너무 가혹해'라고만 생각할 것이다.

분노 감정이 일 때 자신에게 몇 가지 질문을 해 보자.

- 나는 무엇을 중시하는가?
- 상대방은 내가 무엇을 중시하는지 아는가?
- 내가 중시하는 것을 상대방에게 알려 주었는가?

## 너에겐 중요하나 나에겐 하찮은 일들

무엇을 중요하게 생각하는지 알려 줘도 상대방이 간과할 수도 있다. 상대방은 자신의 인지의 틀 안에서 그것이 왜 중요한지 이해할 수 없기 때문이다. 단순히 '중요하다'는 말로는 상대방을 이해시킬 수 없다. 이해하지 않으면 중시하지 않는다.

그러면 한 걸음 더 나아가 소통해야 한다. 소통은 단순한 일이 아니다. 소통은 말하기로 끝나는 것이 아니라 듣기, 이해하기, 반응하기의 모든 과정이 포함된 과정이다. 그런데 사람들은 굳이 에너지를 소모해 가며 어떻게 소통할지 고민하지 않는다. 그저 자신의 느낌대로 말할 뿐이다.

소통하는 과정에서 '설명'은 매우 중요한 요소다. 상대방에게 그것이 내게 왜 중요한지 설명해야 나의 기분을 이해하고 배려해 줄 가능성이 생긴다.

한 남성이 나에게 들려준 이야기가 있다.

"저는 아버지와 일주일에 최소한 한 번씩 전화해요. 최근에는 일이 바빠서 아버지에게 '월요일 저녁 8시 30분에 전화하겠다'고 말씀드렸죠. 그런데 아버지가 저녁 7시 반에 저에게 전화를 하셨어요. 전화를 안 받으니 세 번이고 네 번이고 계속 하시더라고요. 회의를 하고 있던 저는 순간 화가 났어요. 그래서 곧장 사무실 밖으로 나가서 약속한 시간이 아닌데 왜 전화했냐고 짜증을 냈어요."

이 남성은 아버지에게 '월요일 저녁 8시 30분에 전화하겠다'는 약속을 했다. 남성은 '월요일 저녁 8시 30분'이라는 시간을 강조하고 싶었다. 하지만 아버지는 일부 정보를 생략했던 것 같다. 아버지에게 중점은 시간이 아니라 '전화'였을 것이다. 기껏해야 월요일 정도까지만 기억하고 구체적인 시간은 신경 쓰지 않았을지도 모른다. 아버지는 왜 8시 30분이 중요한지 이해하지 못했기 때문에 무의식적으로 약속한 시각을 기억에서 지웠다.

사람들은 다른 사람이 전달하는 정보를 들을 때 모든 내용을 완전하고 상세하게 받아들일 수 없다. 우리는 자신이 듣고 싶은 정보를 기억하고 중요하지 않다고 생각하는 정보는 생략한다.

이 남성의 중점은 아버지가 '약속 시각을 지킬 수 있는가'였다. 하지만 아버지의 중점은 아들과 달랐다. 아버지 입장에서 그것은 큰일이 아니었기에 자연스레 잊었다. 또 아들이 왜 그 시간을 중요하게 생각하는지도 이해할 수 없었다. 그러므로 상대방에게 라벨을 알려 줄 때 그 문제가 왜 중요한지 설명하고 강조해서 이해시켜야 한다. 그래야 상대방도 같은 문제를 중시한다.

분노를 해결하는 방식 중 하나는 상대방에게 가장 중요한 것이 무엇인지, 그리고 그것이 왜 중요한지 알려 주는 것이다. 그래야 상대방의 관심을 유발하고 분노라는 방법을 사용하지 않을 수 있다.

## 타인이 분노할 때 라벨을 살펴라

타인이 당신에게 분노한다면 그 사람에게 중요한 것은 무엇인지 생각하며 그가 당신에게 붙인 라벨을 알아보자. 그 답을 찾으면 관계를 지킬 수 있다. 상대방과 함께 상대방이 중요시하는 부분을 소중히 생각하면 둘의 관계는 따뜻해진다.

앞에서 언급한 빵을 산 아내의 경우, 남편이 '낭비' 문제를 신경 쓴다는 점을 알고 난 뒤 남편의 절약하는 습관에 높은 점수를 줄 수 있다.

"낭비하지 않으려는 당신은 절약할 줄 아는 훌륭한 남편이야."

# 내 안의 분노
# 톺아보기

1 당신을 분노하게 한 라벨를 찾아보세요.

..............................

..............................

..............................

2 다음의 문장을 만들고 큰 소리로 읽어 보세요.

..............................(라벨)은 나에게 아주 중요해! 이 점을 중시해 줘!

3 문장을 읽고 난 후 어떤 기분과 생각이 드나요?

..............................

..............................

..............................

4 다른 사람에게 그 라벨을 중시한다고 표현한 적이 있나요?
어떻게 말했나요? 상대방이 이를 받아들였나요?

..............................

..............................

..............................

5 당신이 중요시하는 부분을 상대방에게 이해시킨다면 어떻게 표현할 건가요?

6 당신이 중시하는 것을 위해 상대방에게 협조를 요청하는 것 외에 또 무엇을 할 수 있나요?

7 자신에게 중요한 부분을 위해 노력한 자신을 어떻게 칭찬할 건가요?

## 순간의 나태한 '점'이 이기적인 '면'이 되는 순간

라벨을 제거하려면 먼저 라벨이 발생하는 과정을 알아야 한다.

라벨링은 '점'에서 '면'으로 가는 논리를 이용하여 표현을 고도로 요약한다. 우리가 본 상대방의 행동은 그 시각 그 순간에 속하는 하나의 '점'이다. 하지만 우리는 마치 그 사람이 언제나 그런 사람인 것처럼 인격을 표현하는 단어로 그의 행동을 요약한다. 이것은 '면'이다.

우리가 누군가를 '이기적이다, 계산적이다, 소극적이다, 냉정하다, 포악하다' 등으로 생각할 때 우리의 잠재의식은 2가지 정보를 느끼고 내보낸다.

- 당신은 언제나 이런 사람이었다. 예전에도, 지금도, 앞으로도 그렇다.
- 당신은 모든 영역에서 이런 사람이다.

사례를 들어보자. 배우자가 청소를 잘 하지 않는다. 이는 '집안일을 잘 하지 않는다'는 면에 속하는 하나의 점이다. 그런데 집안일을 잘 하지 않는다는 '이기적이다'라는 면의 점이다. 지금 청소를 하지 않았다는 점으로 '이기적이다'라는 면까지 이를 수 있다.

수학적으로 면을 확정하려면 최소한 동일 직선에 있지 않은 세 점이 필요하다. 마찬가지로 사람이 어떠한 인격적 특징을 지녔는지 확정하려면 다른 영역의 증거를 수집해서 평가해야 한다. 인격을 나타내는 어휘를 이용해 타인을 평가하면 부족한 증거로 그 사람의 일생을 정의하는 것과 같다.

밖에서 술을 마신 뒤 들어왔는데 배우자가 '당신은 이기적인 사람'이라는 라벨을 붙였다면 기분이 어떨까? 또 립스틱 하나 샀는데 배우자가 '낭비벽이 심하다'라는 라벨을 붙였다면 어떤 기분일까? 이런 공격은 강도가 매우 세고 불공평한 처사다.

## 분노를 해소하는 방법 2가지

분노를 해소하려면 이성을 이용해 요약, 라벨링, 점을 면으로 확장하는 행동을 멈춰야 한다.

**1. 구분하기**

이를 위한 첫 번째 단계는 구분하기다. 라벨은 그저 하나의 인지일 뿐 사실을 대변하지 않는다는 점을 알아야 한다. 구분하기에 도움이 될 2가지 비결이 있다.

그의 -A면을 찾아서 그가 A가 아님을 증명한다

인격은 평면이 아닌 입체적으로 존재한다. 수많은 A와 -A의 결합체인 인간은 적극적이면서 소극적이고, 선량하면서도 사악하며, 부지런하면서도 게으르다. 상대방이 어떤 사람인지 증거를 찾고자 하면 얼마든지 찾을 수 있다.

예를 들어 배우자에게 '이기적이다'라는 라벨을 붙였다. 하지만 이기적이지 않은 경우를 최소 3가지는 찾을 수 있으며, 그것으로 그가 절대적으로 이기적인 사람이 아님을 증명할 수 있다. 자녀에게 '우둔하다'라는 라벨을 붙여도 어리석지 않다는 증거를 3개 이상 찾을 수 있다. 스스로 '나는 열등감에 빠져 있어'라고 생각해도 다른 선상에 있는 '나는 자신감이 넘쳐'라는 점을 최소 3개 이상 찾을 수 있다.

그러므로 점 3개로 상대방의 A면을 확정한다고 해도 그가 -A면을 확립할 또 다른 점 3개를 갖는 데 영향을 주지 않는다. 그리고 상대방에게 A와 -A가 모두 있다는 점을 알고 나면, '그는 A다'에 대한 집착과 분노도 어느 정도 줄어든다.

### 점이 속한 다른 면을 찾는다

공간에서의 한 점은 여러 평면에 존재할 수 있다. 현재 당신을 분노하게 한 그 점이 어느 평면에 있는지 찾아보자.

지금 당신의 배우자는 집안일을 하지 않았다. 그것이 점이고, 당신은 습관적으로 그가 이기적이라는 면을 확립했다. 그런데 그 점은 배우자가 이기적이라는 것을 설명할 뿐 아니라 자신에게 '반드시 집 안을 깨끗하게 유지해야 한다'고 강요하고 잔소리를 하지 않는 성격이라는 것도 알려준다. 이들은 모두 서로 다른 평면이다.

자녀가 늘 무언가를 잃어버리는 잘못을 저지를지도 모른다. 그렇다면 먼저 그 점이 '야무지지 못하다'는 평면에 있다고 생각할 수 있다. 하지만 동시에 그 점이 집중력, 몰입 등의 평면에 있다는 것도 보게 된다.

점이 여러 개의 다양한 평면에 동시에 존재하는데 자신이 발견한 그 면이 유일하다고 판단할 수 있는가?

### 2. 표현의 구체화

두 번째 단계는 표현의 구체화다. 다른 사람에게 일반화된 라벨을 붙이지 않고 최대한 사실을 서술한다. 구체화는 반反라벨링의 과정이다.

예를 들어 자녀가 문제를 풀다 틀렸다. 이때 어떻게 표현할까?

- 구체화된 표현 : 네가 푼 문제의 답이 정답과 조금 달라.
- 상대적으로 구체적인 표현 : 이 문제를 틀렸어.
- 일반화된 표현 : 이 문제도 못 풀다니, 뭘 공부한 거니?

또 예를 들어 보자. 남편이 친구들과 술자리를 가졌다가 늦은 시간 집에 들어왔다. 이런 경우 다음의 3가지로 표현할 수 있다.

- 구체화된 표현 : 오늘 귀가 시간이 예정 시간보다 1시간 늦었네요.
- 상대적으로 구체적인 표현 : 오늘 늦게 돌아왔네요.
- 일반화된 표현 : 나를 이해할 생각은 전혀 하지 않고 놀 생각만 하다니,

너무 이기적이에요!

두 상황에서 3가지 표현의 차이를 느껴 보자. 어떤 생각이 드는가?

쉬운 소통이라는 관점에서 보면 구체화한 표현일수록 사실에 근접하고 일반화된 표현일수록 사실과 멀어진다. 사실을 묘사할수록 쉽게 소통할 수 있고, 일반화된 라벨을 붙일수록 상대방의 저항 심리를 촉발해서 소통이 어렵다.

아이에게 "네가 푼 문제의 답이 정답과 조금 다르다."고 말하면 대화를 계속 이어 나갈 수 있지만 "도대체 뭘 공부한 거니?"라고 말한다면 소통이 끊어질 것이다.

분노의 정도 측면에서 보면, 구체화한 표현일수록 분노가 적고 일반화된 표현일수록 분노가 커진다.

상대방이 받는 상처를 고려하면, 일반화되고 과장된 라벨일수록 더 큰 상처를 주고 구체적인 표현일수록 상처를 주지 않는다.

매번 구체화한 표현을 사용하는 것은 쉬운 일이 아니다. 사람들이 요약된 표현을 좋아하는 이유는 단점보다 장점이 많기 때문이다. 첫 번째 장점은 경제적인 것이다. 요약은 정보를 귀납한 결과다. 여러 가지 복잡한 정보와 현상을 귀납할 수 있다면 짧은 시간 안에 많은 정보를 처리하여 대뇌에 저장할 수 있다. 그리고 많은 정보를 저장하면 정보를 더 빠르게 처리할 수 있다. 사람의 뇌는 똑똑하게도 '노동을 최대한 줄인다'는 원칙을 따르며 운행한다. 노동력을 아끼기 위해서는 정보들을 귀납해야 한다. 그런데 귀납하는 과정에서 라벨이 생성된다.

"오늘 퇴근하고 집에 왔는데 당신은 밥도 하지 않고 침대에 누워서 휴대전화만 하고 있었어."라고 서술하면 어떤 느낌인가? 객관적이고 자세하게 말하려니 귀찮고 답답하다. 차라리 "당신은 너무 이기적이야."라고 요약하면 힘이 덜 든다. 하지만 상대방과 잘 소통하고 깊은 관계를 형성하고 싶다면 이를 위해 이성을 활용하고 추진력을 발휘해야 한다. 이 과정에서는 '노동력 절약'을 추구하지 말고 있는 힘껏 에너지를 쏟아내야 한다.

두 번째는 통제할 수 있다는 것이다. 라벨링은 이미 습득한 지식으로 사물과 타인, 나아가 이 세상을 이해하는 행위다. 바꾸어 말하면, 라벨링은 이미 알고 있는 지식을 통해 미지의 것을 이해하는 것이다. 이미 알고 있다면 상대적으로 통제가 가능하다. 따라서 라벨링은 통제력을 부여한다.

회사에 입사하면 업무 환경이나 동료가 낯설다. 그때 느끼는 불안은 통제력을 상실했을 때와 비슷한 느낌이다. 이때 통제력을 상실한 기분을 회피하기 위해 미지의 동료들에게 '온화하다' 또는 '거칠고 급하다' 등 라벨을 붙인다. 라벨이 생기면 새로운 환경과 낯선 타인은 내가 아는 사람이 되고 통제할 수 있게 된다.

또 화를 자주 내는 남편을 예로 들어 보자. 남편이 언제 화를 내는지, 왜 화를 내는지 알 수 없다면 그 미지의 느낌 때문에 행동을 조심하고 불안한 마음으로 생활하니 통제가 어렵고 괴롭다. 그러면 어떻게 할까? 남편에게 '성미가 급하다', '정서가 불안정하다', '신경질적이다'와 같은 라벨을 붙였더니 남편이 왜 화를 내는지 이해할 수 있을 것만 같다. 신경질적인 사람은 수시로 화를 내도 일상적으로 보이기 때문이다.

상대방과의 양질의 소통과 관계를 원한다면 통제가 어려운 상황을 마주해야 한다. 막막하고, 답답하고, 어떻게 표현해야 할지 모를 것 같은 기분이 들겠지만, 인내심과 호기심으로 상대방을 이해하고 나와 상대방이 함께 인식하는 라벨을 찾아야 한다.

## 내 안의 분노 톺아보기

**1** 분노했을 때 상대방에 관한 판단과 라벨을 찾아보세요. 그가 어떤 사람이라고 생각하나요?

..........

..........

..........

**2** 그의 -A면을 증명할 증거 3가지를 찾아 그가 A가 아니라고 증명해 보세요.

..........

..........

..........

**3** 현재 그가 한 일을 근거로 A 외의 또 다른 세 평면도 찾아보세요. 즉, 요약할 수 있는 또 다른 라벨 3개를 찾아 현재 그가 한 일을 설명해 보세요.

..........

..........

..........

# 분노를 벌크업 하는 강력한 촉진제

마음속에 분노라는 감정이 생기면 화도 나지만 슬픔도 느껴진다. 마치 '나는 정말 비참해.'라는 마음의 소리가 들리는 것 같다.

분노하는 사람은 공격성이 강한 사람으로 보인다. 다른 사람을 공격하고 학대하며 다른 사람에게 변하라고 압박하는 듯하다. 하지만 속으로 '나는 피해자'라는 생각을 버리지 못한다. 그뿐만 아니라 '나는 상처받았어', '나는 불쌍해', '너무 억울해', '정말 비참해', '운이 나빠', '불행해'라고 생각한다.

배우자에게 화가 나면 '난 왜 이리 재수가 없을까! 애초에 당신 같은 사람을 좋아하다니 내 눈이 어떻게 된 거지!'라고 생각한다. 자녀에게 분노할 때면 '나는 왜 이리 불행할까! 전생에 무슨 죄를 지었길래 지금 이런 아이를 키우는 걸까!'라고 생각한다.

누가 들으면 아주 비참한 사람이라고 생각할 것 같다. 그런데 이 사람이 정말 그렇게 비참할까? 꼭 그렇지는 않다. 하지만 사람은 분노하면 쉽게 비참함을 느낀다. 분노한 사람들은 자신이 분노할 이유를 계속 찾아가며 분노의 효과를 높인다. '비참함'은 분노를 위한 강력한 촉진제다.

## 분노의 강도를 드러내는 '전면 부정'

더 깊은 비참함을 경험하기 위해 사람들은 '전면 부정'이라는 또 다른 무기를 사용한다.

분노했던 경험을 떠올려 보자. '넌 조금도 전혀', '너는 지금껏 내내', '너는 매번 항상', '너는 언제나', '너는 아예', '넌 정말'과 같은 말을 사용하지 않는가.

전면 부정은 과장된 표현의 일반적인 사용법이다. 전면 부정을 이용한 표현법은 상대를 어떤 일도 제대로 못 하는 사람, 나아가 언제나 제대로 해내지 못하는 사람으로 정의한다. 지금까지 항상 잘 해왔다 해도 지금 이 순간 다 해내지 못했다면 '무슨 일이든 제대로 못 하는 사람'이 되어 버린다.

부정적인 라벨을 붙이는 행위는 점에서 면으로 나아가 인격마저 부정한다. 전면 부정은 이보다 더해서 상대방이 매 순간 나쁜 인격을 보여준다고 여긴다.

평면이 입체가 되고, 2차원이 3차원이 되어 버리는 것이다.

한 여성이 말했다. "남편이 퇴근 후에 제게 저녁 식사를 차려준다고 약속했어요. 그런데 퇴근 시간이 다 돼서 전화하더니 회사 동료와 회식을 하기로 했으니 알아서 먹으라는 거예요."

이 여성은 남편에게 '약속을 지키지 않았다'라는 라벨을 붙였다.

단순히 남편이 약속을 지키지 않는다고 생각하면 그것은 라벨링이고 분노의 1급 촉진제다. 이어서 분노는 2급 촉진제를 연소시키는데 '약속을 지키지 않는 것은 잘못된 행동이야!'라며 남편의 행위를 부정한다. 이때 분노의 감정이 끓어오르기 시작한다.

그런데 분노의 불이 더 활활 타오르면 어떻게 될까? 그다음은 3급 촉진제인 전면 부정이 시작된다.

**"당신은 지금껏 약속을 지키지 않았어!"**

**"당신은 조금도 신용이 없어!"**

**"당신은 매번 한 입으로 두말하지!"**

**"당신은 언제나 내 기분에 관심이 없어!"**

한 학생이 나에게 이런 하소연을 했다.

"저의 어머니는 항상 제게 '넌 지금껏 방 청소를 한 번도 하지 않았어'라고 말씀하셔서 억울해요. 어떻게 청소를 한 번도 하지 않을 수가 있겠어요. 어머니는 지저분한 방을 몇 번 본 게 다인 걸요. 어머니는 왜 제가 잘한 부분은 보지 못할까요?"

나는 그 학생에게 말했다.

"어머니가 정말 모든 경험을 종합해서 엄격한 논리적 추리를 했고, 이성적으로 '지금껏 하지 않았다'는 결론을 도출했다고 생각하나요? 어머니는 그 순간 그 문제가 아주 중요하다고 말하고 싶었던 것뿐입니다. 그저 분노의 정도를 강조하고 싶었던 거죠."

같은 이치로, 세상 어머니들의 공통된 어록인 "너는 왜 매번 그렇게 미련하게 행동하니?", "너는 왜 제대로 하는 게 아무것도 없니?" 하는 말도 사실이 아니라 심각성과 자신의 분노를 강조하는 표현이다.

배우자 사이에서도 이런 반문이 자주 오간다.

"설마 나에게 장점이 하나도 없다고?"

"설마 내가 잘한 것이 하나도 없다는 말이야?"

이런 식의 반문이 오가면 표면적 의미에 빠져서 상대방이 분노의 정도를 강조하고 있다는 사실을 깨닫지 못하고 오직 상대방이 내뱉은 말에만 신경이 거슬린다.

상대가 이렇게 무섭고 모질게 말하는 이유는 그 일이 자신에게 얼마나 중요한지, 얼마나 상처받았는지 강조하기 위해서일 뿐이다.

## 모 아니면 도, 전면 부정 습관의 관점

전면 부정하는 습관은 어떻게 만들어질까? 많은 사람이 자신의 세계에 이분법적 대립 구도를 만들어 놓는다. 이들은 문제를 볼 때 검은색이 아니면 흰색, 전부가 아니면 전무, 100이 아니면 0이라는 논리를 펼친다. 일을 할 때도 가혹할 정도로 이상적으로 이루어 내고자 한다. 이들은 타인에게도 완벽함을 요구하며, 단 한 번의 실수도 용인하지 않는다. 틀릴 때마다 분노하고, 다시는 실수하지 않아야 분노하지 않는다.

자신이 '완벽'을 추구한다고 여기지 않는 사람도 있다. 이들은 상대방이 '가끔' 실수를 할 수는 있지만 '매일', '자주' 실수하면 안 된다고 생각한다. 하지만 사실 이들은 상대방이 전혀 실수하지 않길 바란다.

이들은 겉모습은 성인이지만 생각은 영아 단계에 머물러 있다. 영아의 특징은 이 순간이 영원하다고 여기는 것이다. 그러니까 영아에게는 '지금 이 순간'이 전부다.

영아는 배고픔, 더위나 추위, 외로움, 두려움 등의 불편함을 느낄 때 크게 울어 젖힌다. 이때 부모가 얼른 와서 안아 주고 다독여 주거나 젖을 물리면 영아는 곧 울음을 그치고 환한 미소를 드러낸다. 영아는 자신의 세계에서 만족감을 체험했고, 이때의 엄마는 '좋은 엄마'다.

반대로 영아가 불편한데도 엄마의 손길을 느끼지 못하면 괴로워한다. 엄마는 아마 곁에 없었거나 아기의 울음소리를 듣지 못했을 것이다. 또는 들었어도 방임했을 수도 있고, 엄마가 안아 주길 바라는 아기의 욕구를 잘못 알아차려서 젖을 물렸을 수도 있다. 아기는 통제력을 높이기 위해 엄마를 '나쁜 엄마'로 인식한다.

영아는 통합 능력과 시간관념이 없고 좋은 엄마와 나쁜 엄마가 사실은 한 사람임을 인식하지 못한다. 지금 엄마가 좋으면 모든 것이 좋다. 지금 엄마가 나쁘면 모든 것이 나쁘다. 지금 이 순간의 엄마가 좋든 나쁘든 현재의 엄마가 '영원한 엄마'다.

영아는 3, 4개월 후 기억력과 통합 능력이 발달하면 그제야 좋은 엄마와 나쁜 엄마가 한 사람임을 깨닫는다. 그런데 이 단계에서 발달이 미흡하면 기억력이 발달해도 감정적으로는 여전히 통합이 어렵다. 그렇게 성장한 아기는 다른 사람과의 관계에서 영아 시절 엄마를 볼 때의 상태를 반복한다. 즉, 현재 이 사람이 다 좋거나 다 나쁘다.

"다른 사람이 나를 만족시킬 때는 모든 것이 좋고, 기분이 아주 좋아요. 내가 전생에 나라를 구해서 이렇게 좋은 사람을 만난 것 같은 생각이 들죠. 하지만 나를 만족시키지 못하면 마냥 나쁜 사람 같고 무척 화가 나요. 내가 전생에 아주 큰 죄를 지어서 이렇게 나쁜 사람을 만났다는 생각이 드니까요."

이런 생각이 드는 순간, 나에게 상처를 준 사람이 과거에 나에게 얼마나 잘해 준 사람인지 완전히 잊는다.

## '언제나' '전혀' 등 과장된 어휘는 금물

전면 부정은 상대방에게 큰 타격을 입히고 두 사람의 관계에 균열을 일으킨다.

전면 부정을 당한 사람은 큰 상처를 받고 오해를 경험한다. 상대방은 분명 작은 실수를 했지만 나의 전면 부정을 통해 큰 잘못을 한 사람이 되어 버렸다. 지금 한 번만 한 행동인데, 또는 아주 작은 실수를 했을 뿐인데, 나의 전면 부정으로 인해 습관적으로 실수하는 사람이 되어버렸다. 그러면 상대방은 자신의 장점은 다 묻히고 오해만 남았다고 생각한다.

상대와 건설적인 관계를 바란다면 과장된 어휘는 되도록 사용하지 않아야 한다. 유아 같은 생각으로는 여러 사람들과 원만하게 어울릴 수 없다. 분노했을 때 이성의 통합 능력을 발휘하는 것, 그것이 성장이다. 하지만 이는 쉽지 않다. 우리의 잠재의식이 전면 부정을 선택하는 이유는 큰 장점이 있기 때문이다.

첫째, 기분이 좋다. 과장해서 표현해야 마음속 원망을 속 시원하게 털어놓을 수 있다. 상대방이 잘한 점이 하나도 없다고 표현해야 내가 더욱 비참해진다. 그리고 이 비참함은 상대방을 더 나쁜 사람으로 몰아갈 수 있다. 그래서 사람들은 머릿속에서 문제를 끝없이 가공하고 일반화하여 상대방을 완전히 나쁜 사람으로 낙인찍는다. 그래야 자신의 분노가 떳떳하기 때문이다.

둘째, 상대방의 주목을 받을 수 있다. 작은 실수는 상대방의 관심을 끌기에 부족하다. 큰 잘못으로 포장해야 상대방의 주목을 받을 수 있다.

셋째, 자신을 보호한다. '당신은 지금까지 나를 사랑하지 않았고, 언제나 이렇게 이기적이었어.' 이 얼마나 절망적인 경험인가. 빨리 절망하면 뭐가 좋을까? 하루 빨리 상대방에게서 멀어지기로 결정했기 때문에 자신을 보호할 수 있다. 누구나 상대방이 아주 나쁘다고 느끼면 그 사람을 떠나고 싶은 충동이 일어난다. 하지만 그렇다고 해도 참고 소통해야 한다. 그것은 조화로운 관계를 유지하기 위한 대가이다. 그러므로 상대방의 관심을 끌어내고 싶다면 전면 부정이 아닌 새로운 방법을 찾아야 한다.

만약 상대방이 전면 부정하는 어휘를 이용한다면, 그는 자신의 마음속 분노가 얼마나 큰지 강조하고 싶을 뿐 객관적 사실을 설명하는 것이 아님을 알아야 한다.

## 칭찬은 모른 척, 실수만 지적하는 당신

'매번 항상', '지금껏 전혀' 등과 같은 전면 부정의 의미가 담긴 어휘를 사용하는 행동은 낮은 수준의 전면 부정이다. 이보다 더 심각한 전면 부정은 상대방이 잘못했을 때는 표현하고, 잘했을 때는 침묵하는 것이다. 상대방의 행동을 의식하지 못했을 수도 있지만 의식했더라도 칭찬하고 싶지 않았을 수도 있다. 하지만 상대방이 잘못된 행동을 하면 바로 알아차리고 마치 보물이라도 발견한 것처럼 흥분해서 즉시 지적한다.

이런 현상을 '선택적 주의selective attention'라고 부른다. 무의식중에 상대방의 잘못에만 관심을 가지고 상대방이 잘한 부분은 자동으로 간과하는 현상이다. 잘한 일은 말할 필요가 없고, 잘못한 일은 말해야 한다고 생각한다. 이런 선택적 주의의 결과로 상대방은 부정적인 표현만 듣고 칭찬은 들을 수 없다. 이때 상대방은 '무엇을 해도 이 사람을 만족시킬 수 없다'라고 생각한다. 하나의 행동이 아닌 나라는 사람 전체를 전면 부정당한 기분이다.

어떤 사람은 상대방의 좋은 점도 칭찬하고 '훌륭해'라고 말해주는데, 칭찬에 인색하다는 이야기를 듣는다고 여기는 사람들이 있다. 그렇다면 어느 부분이 훌륭한지 구체적으로 표현했는가?, 아니면 개괄적인 어휘를 사용했는가? 칭찬이라고 다 같은 칭찬이 아니다. 칭찬에도 격이 있다.

소통에 관한 강연에서 타인을 인정하는 방법에 대해 지도한 적이 있었다. 그때 한 여성이 말했다.

“저는 남편에게 고마움을 표현하거나 인정해 줄 때 어색한 것 같아요. 문자 메시지로는 쉬운데 얼굴을 마주하면 말이 선뜻 나오지 않아요. 그런데 남편을 책망할 때는 말이 술술 나와요.”

이 여성은 전면 부정에 훨씬 익숙하다.

이런 전면 부정은 아마도 태어나고 자라난 가정환경과 연관이 있을 것이다. 어렸을 때 무슨 일을 하더라도 불만이 있는 부모를 만났고, 성장 과정에서 부모의 방식을 복제하여 성인이 된 후 배우자와 자녀 등 가까운 사람에게 똑같이 행동한다. 부모의 방식을 복제하는 것은 무의식적으로 부모에게 충성을 표현하는 중요한 방식이다. 왜 이들은 어릴 때부터 전면 부정을 몸에 익히게 된 것일까? 무엇보다 어렸을 때부터 가장 많이 접한 훈육 방식이 비판이다. 아무도 다른 사람을 칭찬하는 방법을 가르쳐 주지 않았고, 언제나 비판의 어조를 들었다.

칭찬은 맹목적으로 해서는 의미가 없다. 상대방의 부족한 점뿐 아니라 잘한 부분 역시 섬세하게 표현하길 바란다. 칭찬과 부정을 잘 표현하면 조화로운 관계를 유지하는 데 도움이 된다.

## 내 안의 분노 톺아보기

**1** 당신의 라벨을 근거로 다음 문장을 완성하고 큰 소리로 읽어 보세요. 어떤 느낌이 드나요?

- 당신은 너무 ......................................................!
- 당신은 지금 ......................................................!
- 당신은 전혀 ...................................................... 하지 못해!

**2** 그가 그렇게 하지 않은 세 번의 순간을 찾아보세요. 그 순간을 찾았을 때 어떤 기분이 들었나요? 심경에 변화가 생겼나요?

..............................................................................................................

..............................................................................................................

..............................................................................................................

..............................................................................................................

..............................................................................................................

..............................................................................................................

3 당신을 분노하게 한 대상을 관찰해 보세요. 그를 칭찬한 적이 있나요? 칭찬할 때와 부정할 때의 감정의 농도는 어떻게 다른가요?

3장

# 분노는 기대다

# 한계를 넘어선 기대가 분노를 부른다

분노는 기대를 만족시키기 못했을 때 일어난다. 화난 사람이 있다면 그의 분노에 착안하여 그가 어떤 현실을 바라는지, 어떤 염원이 있는지 알 수 있다. 분노는 상대방에게 바라는 것이 무엇인지 전달하는 매개가 되기 때문이다.

한 학생이 나에게 말했다.

"남자친구가 문자 메시지에 답장하지 않아서 쉬지 않고 계속 전화했어요. 그러다 불안감이 몰려와 결국 화를 냈어요."

이 학생의 분노에는 '내 메시지에 답장하고 내 전화를 받았으면 좋겠어. 언제나 나와 연락이 되면 좋겠어'라는 기대가 숨어 있다.

한 여성은 이런 말을 했다.

"우리 아이는 주말에 숙제를 거들떠보지도 않다가 월요일 아침이 되면 밀린 숙제를 몰아서 해요. 그런 모습을 보면 너무 화가 나요."

여성의 분노에는 '아이가 주말에 숙제를 다 마치고 여유로운 월요일 아침을 보내면 좋겠다'라는 기대가 있다.

## 기대가 크면 분노도 크다

기대가 실현되지 않으면 우리는 분노한다. 그런데 기대가 실현되지 않은 이유는 그들의 기대가 너무 높기 때문이다. 이에 동의하지 않는 사람도 있다.

"제 기대는 높지 않아요. 모두 정상적이고 기본적인 기대잖아요. 설마 이 정도 기대도 안 하고 사는 건 아니죠?"

기대의 높고 낮음은 입장에 따라 달라진다. 분노한 사람의 입장에서 보면 자신의 기대가 전혀 높지 않다. 하지만 상대방의 입장에서 분노한 사람의 기대를 충족시키지 못한 이유는 기대치에

도달하기 힘들기 때문이다.

타인이 우리의 기대를 충족하려면 다음 2가지 요건이 필요하다.

- 그는 나의 기대를 실현할 능력이 있다.
- 그는 나의 기대를 실현할 의지가 있다.

상대방이 기대가 너무 높다고 생각하는 이유는 2가지다.

- 분노한 사람의 기대가 나의 능력을 넘어섰다.
- 분노한 사람의 기대가 나의 의지를 넘어섰다.

분노하는 사람은 입장을 바꿔 생각하기 어렵다. 그저 자신의 관점에서만 볼 뿐 상대방의 관점을 헤아리지 못한다.

상대방도 나의 기대를 충족시키고 싶어 하지만 능력의 한계로 그러지 못할 때가 있다. 하지만 이를 이해하지 못하고 원래의 기대를 유지하면 분노하게 된다.

**능력의 한계**

상대방이 나의 기대를 실현할 능력이 충분하다고 생각하는 이유는 3가지다.

첫째, '누구나 할 수 있는 평범한 능력이므로 상대방도 마땅히 해내야 한다'고 여긴다. 사람들은 자녀를 강압적으로 대하는 부모를 보고 비정상적인 부모라고 비난한다. 그 분노의 배후에 이 부모도 여느 평범한 부모처럼 자녀를 대할 수 있다는 기대가 있다. 하지만 심리적 결함이 있고 인격이 완벽하지 못한 부모 역시 자녀에게 관대하고 싶지만 자신을 통제하지 못한다.

책임감 있는 연인의 모습을 기대하지만 어렸을 때부터 '마마보이'인 남자친구는 책임감이 없다. 이런 경우 '책임감'이 강한 사람들에게는 별일이 아니고 높지 않은 기대라 할지라도 연인인 남자친구에게는 너무 높은 기대다. 어렸을 때부터 배우지 않았기 때문이다.

기대의 높고 낮음을 판가름할 때 '모두', '평범한 사람들', '사람이라면'과 같은 말은 기준이 될 수 없다. 상대는 '모두'가 아닌 개인적인 주체와 마주하고 있기 때문이다. 모두에게 정상적이고 평범하더라도 당사자인 그 사람에게는 어려울 수 있다.

둘째, '과거에 해낸 일이라면 지금도 해야 한다'고 생각한다. 특히 결혼한 사람들은 '이 사람이 예전만큼 잘해 주지 않아', '예전에는 …이었는데 지금은…'이라며 원망한다. 그러고는 '나의 요구치는 높지 않으니 예전처럼만 대해 주면 돼.'라고 생각한다.

하지만 시간이 흐르고 환경이 변하면서 우리의 몸과 마음에도 변화가 일어난다. 상대방이 나의 기대를 충족하고 싶지 않을 때도 있지만, 정말 예전처럼 해내지 못할 때도 있다.

셋째, '다른 사람에게 해 줄 수 있는 것이라면 나에게도 해야 한다'고 생각한다. 상대방이 다른 사람에게 잘해 주는데 나에게는 잘해 주지 못한다는 생각이 들면 분노한다. 상대방이 다른 사람에게 해 줄 수 있는 일을 나에게만 소홀하다면 별일 아닌 일에도 상처를 받고, 소외감을 느끼게 된다. 이런 경우 상대의 사정이나 피치 못할 상황 따위는 눈에 들어오지 않는다. 그저 나의 좁은 관점에서 주관적으로 관찰된 상대의 행동을 평가하고 분노하는 것이다.

### 의지의 한계

상대방의 능력을 넘어선 기대는 과잉이다. 그뿐만 아니라 상대방이 나의 요구를 들어주고자 하는 의지가 없다면 나의 기대는 상대방의 의지를 넘어선 것이니 상대방 입장에서 이것 역시 '기대 과잉'이다.

상대방은 왜 나의 요구를 들어주고 싶어 하지 않는 걸까? 상대방은 나의 요구가 가치가 없고, 자신에게 거는 기대가 불편하다고 여기기 때문이다. 이 불편함은 어느 정도 이해가 간다. 자녀에게 순종하라고 요구하지만, 순종하는 것을 좋아하는 사람은 없다. 자녀는 부모의 통제를 원하지 않지만 부모는 통제하지 않으면 불안하고 답답하다.

상대방이 중요한 사람이라면 불편함을 감수할 수 있고 희생을 마다하지 않는다. 여자친구가 퇴근길에 데리러 오라고 한다면, 그녀를 얼마나 중요하게 생각하는지가 그 길을 갈지 말지를 결정한다. 하지만 누군가를 위해 자신을 희생하거나 불편함을 감수하고 싶지 않다면 '그 사람이 나에게 그럴 만한 가치가 없다'는 의미다.

상대방이 나의 요구를 들어주고 싶지 않은지, 아니면 능력이 부족한지 어떻게 판단할까? 이는 상황에 따라 스스로 판단해야 한다. 우리는 이보다 분노할 때 생각해야 할 더 중요한 문제가 있다.

### 그가 할 수 있는 일이 적은 것일까, 아니면 나의 요구가 많은 것일까?

상대방의 능력이 부족하다고 생각하면 화도 나지만 동시에 마음이 편해지기도 한다. 상대의 잘못이라고 판단할 수 있기 때문이다. 만약 나의 요구가 많다면 나의 책임이고 나의 생각을 바꿔야 한다.

타인에게 너무 많은 것을 원한다고 자책하면 타인에 대한 분노가 나 자신에 대한 분노로 바뀐다. 너무 많은 것을 원한다고 탓하면 안 된다. 이때는 또 다른 고민을 해야 한다.

나의 요구가 상대방의 능력과 의지를 넘어섰을 때, 나의 기대를 어떻게 처리해야 할까?

## 당신의 기대는 늘 실제보다 너무 높다

자신이 기대하는 바를 잘 안다고 생각하지만 실제로 무엇을 기대하는지 모르는 경우가 많다. 예를 들어 상대방이 '자발적으로', '능동적으로', '즉시에' 행동하길 기대한다.

한 여성이 말했다. "어머님이 제 아이에게 밥을 먹여 주신 적이 있어요. 아이는 먹고 싶지 않은데 어머니는 꼭 다 먹이려고 하셨죠. 그런 모습을 보니 화가 났어요. 어머니가 아이를 너무 압박한다고 생각했거든요."

이 분노에 담긴 기대는 무엇일까? '어머니가 아이에게 너무 강요하지 않길 바란다'이다. 그런데 배후에는 더 심층적인 기대가 있다. 여성은 원하지 않는 밥을 먹이는 것은 지나친 강요라는 것을 어머니가 자발적으로 깨닫고, 강압의 단점을 능동적으로 이해하며, 즉시 아이를 보호하고 그런 행위를 멈추길 바란다.

하지만 이는 어머니에게 난도가 굉장히 높은 기대로 보인다.

어느 남성이 내게 말했다. "동료에게 크게 화가 난 적이 있어요. 그 친구는 자신의 일을 항상 나에게 넘기죠."

이 남성은 동료가 일을 나누어 주지 않았으면 좋겠다는 자신의 기대를 읽을 수 있다. 하지만 조금 더 생각해 보면 '동료가 내가 알려 주기 전에 그것은 잘못된 행동임을 자발적으로 깨닫고 자신의 업무를 나누지 않기를 바란다'는 기대가 존재한다.

상대방의 어떤 행위를 관찰한 후 자신의 기대를 표현하지 않고 먼저 분노했다면, 상대방이 어떤 태도를 지녀야 하는지도 기대한다는 뜻이다. 상대방이 자발적이고 능동적으로 자신의 문제를 인식하고 자기 행동의 결과와 비합리성을 깨닫고 적극적으로 개선하길 바란다는 것이다.

그런데 '예전에 이미 알려 줬다', '지난번에 이미 말했다'라고 말하는 사람들도 있다. 그렇다면 이번에는 어떤 기대를 하고 있는지 표현했는가? 알려 주지 않았다면 이런 기대를 하고 있다는 뜻이다.

**한 번 말했으니 반드시 기억해야 해.**

**지난번에 말했으니까 더 이상 똑같은 말을 하지 않게 해야 해.**

이는 상대방에게 너무 높은 기대일 수도 있다. '설마 매번, 반복해서 말해야 한다고? 그러면 너무 피곤하잖아.'라는 생각이 들 수도 있다. 그런데 이런 생각에는 또 다른 기대가 존재한다. 바로 '사람들이 나를 배려하고 피곤하게 하지 않았으면 좋겠다'라는 기대다.

## 기대는 옳고 그름이 없다

여기까지 읽은 사람 중에 의문을 제기하는 사람이 있을 것이다.

"그러면 기대를 품으면 안 되나요? 배우자나 아이에게도요? 기대가 없는 관계가 무슨 의미가 있죠? 기대하는 것이 잘못된 행동인가요?"

기대는 옳고 그름의 문제가 아니다. 그러니 '기대를 하면 안 된다'의 도덕적 문제로 볼 것이 아니다. 문제는 기대가 크면 슬픔을 유발한다는 것이다. 기대는 아이스크림을 먹고 싶은 마음과 같은 바람이자 소망이다. 먹고 싶었던 기대감이 무너지고 아이스크림을 먹을 수 없다면 괴로워진다. 즉, 우리가 고민해야 할 것은 '과연 기대를 해야 하는가'가 아니라 '기대가 바람대로 이루어지지 않았을 때 어떻게 대처하는가'이다. 기대한다는 것은 이미 발생한 사실이므로 왜 기대했는지와 같은 생각은 불필요하다. 그저 지금의 내가 무엇을 할 수 있는지만 생각하면 된다.

기대는 좋은 일이다. 미래를 동경하고 다른 사람에게 기대한다는 것은 세상을 살아갈 활력이 있다는 뜻이기 때문이다. 이는 또한 분노가 아름다운 이유이기도 하다. '분노는 삶을 포기하지 않았다'는 뜻이다. 분노는 사람들에게 자신의 생각과 추구하는 바를 알려 준다.

분노는 기대가 너무 높다는 뜻일 수도 있다. 높은 기대를 해결하는 방식 중 하나는 포기다. 포기는 이 세상의 모든 어려움을 해결할 수 있는 만능 열쇠다.어떤 일이든 포기만 하면 어려울 것이 없다.

나는 젊은 시절 이 세상 구석구석을 여행하고 싶었지만 돈이 없어서 포기했다. 나중에 금전적 여유가 생기면서 세계를 돌아다니는 여행가가 되고 싶다는 기대가 다시금 커졌지만 그때는 시간적 여유가 없어서 이루지 못했다. 또 단기간에 성공해서 인생의 전성기를 누리고 예쁜 여자와 결혼하고 싶다는 꿈을 꾼 적도 있었다. 하지만 예쁜 여자와 결혼하는 노력보다 포기가 더 쉽다는 것을 깨닫고 포기를 선택했다.

기대 자체는 분노를 일으키지 않는다. 기대에 대한 집착이야말로 분노를 초래한다. 상대방이 나의 기대에 부응하지 못하는 모습을 받아들일 수 없고, 그 현실을 거부할 때 분노 감정이 형성된다.

분노는 자신의 기대를 충족시키지 못할 때 일어나는 저항이자 상대방의 현실을 향한 저항이다. 사람들은 분노 감정이 일어나면 '내가 원하는 대로 이뤄져야 한다'는 환상에 빠져서 자신의 요구가 실현될 가능성이 낮은 현실을 제대로 직시하지 못한다.

자신을 향한 분노도 마찬가지다. 자신의 에너지와 능력이 부족해서 기대하던 결과를 얻지 못했는데도 포기하고 싶지 않다. 능력의 한계를 믿고 싶지 않으면 자신에게 분노하게 된다.

따라서 분노할 때 자신에게 물어보자. 정말 이렇게 현실을 거부하고 싶은가?

기대에 대처하는 두 번째 방법은 분노를 이용해 자신의 기대를 실현하는 것이다.

분노는 종종 다른 사람이 나의 기대를 실현하는 데 효과적인 방법이 된다. 내가 분노하면 상대방은 나의 분노에 위협을 느끼고 양보할 수도 있다.

분노는 힘이다. 순간적으로 나를 강하게 만들고 상대방의 협조를 강력하게 밀어붙여 기대를 실현하도록 도와준다.

앞서 언급했던 사례를 다시 생각해 보자. 여자친구는 남자친구가 메시지에 바로 답장하길 바라지만 남자친구는 전혀 반응이 없다. 어떻게 해야 할까? 남자친구에게 분노하면 된다. 그녀의 잠재의식은 '내가 분노하는 만큼 남자친구가 변화할 가능성이 커진다.'라고 생각한다. 만약 그녀가 '앞으로 내 메시지에 바로 답장해 줘'라고 차분히 말한다면 남자친구는 전혀 변하지 않을 것이다. 하지만 몹시 화를 내며 '왜 내 메시지에 답하지 않는 거야!'라고 말하면, 남자친구는 왜 여자친구가 화를 내는지 이해하지 못해도 비난받을까 봐 두려워 즉시 답장한다.

따라서 분노는 우리의 기대를 더 잘 실현하도록 도와주는 훌륭한 조력자가 될 수 있다. 어떤 이들은 분노는 나쁘다고 하지만 분노는 하나의 수단일 뿐이다. 수단이 좋고 나쁨을 판단하는 지표는 다음의 2가지다.

- 사용자가 목표를 달성하는 데 도와줄 수 있는가?
- 명령에 복종하는가?

분노가 매번 좋은 결과를 가져다주지는 않지만 사람들이 가끔 분노하는 이유는 분노가 효과적이었던 경험이 있기 때문이다.

대화가 통하지 않고 다른 수단이 없을 때 분노는 목표를 달성할 수 있는 최고의 수단이다. 게다가 분노는 '이런 기대는 잘못된 것 같아'라고 말하지 않는다. 분노는 무조건 우리의 명령을 실현시키도록 돕는다. 그러므로 분노는 우리의 기대를 실현하는 훌륭한 수단이다. 만약 원하는 결과를 얻지 못한다면 원인은 분노가 아닌 우리의 비합리적인 기대 때문이다.

그렇다면 타인이 나에게 분노할 때는 어떻게 대처하면 좋을까? 이 역시 상대방이 나에게 기대하는 바가 있다는 의미다. 이때 상대를 위해 명확히 표현하자.

**내가 어떻게 하면 좋겠어?**
**나에게 무엇을 기대하는 거야?**

관계를 유지하고 싶다면 상대방의 기대를 어느 정도 만족시켜 줄 수 있는지, 상대방은 자신의 기대를 어느 정도까지 포기할 수 있을지 함께 모색해 보자.

# 내 안의 분노 톺아보기

1 당신은 무엇을 기대했나요?

2 그 기대가 당신에게 높지 않은 기대라는 증거를 찾아보세요.

3 그 기대가 상대방에게 높은 기대라는 증거를 찾아보세요.

4 증거를 찾은 후 어떤 생각이 들었나요?

5 다음의 문장을 완성하고 큰 소리로 읽어보세요. 또는 당신을 분노하게 만든 상대방과 마주하고 있다고 생각하고 대화해 보세요.

- 너에게 요구하는 것은 ..................!
- 넌 반드시 해야 해!
- 당신이 이 일을 해야 내가 만족해!
- 나는 현실을 받아들일 수 없어!
- 나는 단념하지 않을 거야!
- 원하지 않아!
- 이런 당신을 받아들일 수 없어!
- 절대 받아 주지 못해!

6 이 과정에서 어떤 기분이 들었나요?

..................................................

..................................................

..................................................

7 자신의 기대를 어떻게 생각하나요? 어떻게 해결할 건가요?

..................................................

..................................................

..................................................

## 긴 시간의 미움 덩어리가 분노를 만든다

기대에 대처하는 세 번째 방법은 '상대방에게 나의 기대를 직접 드러내서 무엇을 원하는지 알려 주는 것'이다. 나의 기대를 직접 드러내야 최소한 실현 가능성이라는 것이 생긴다. 그런데 사람들은 부정적으로 표현하는 습관이 있다. 생각보다 많은 사람들이 '해야 한다'가 아닌 '하면 안 된다'라고 말한다. '너는 … 하면 안돼', '너의 …은 틀렸어' 같은 화법에는 익숙하지만 '내가 바라는 것은…'처럼 원하는 것을 직접 말하는 방식은 서툴다.

## 부정 화법에도 장점이 있다

한 학생이 말했다. "우리 가족은 부정적인 에너지와 공격성이 가득해요. 그래서 너무 화가 나요."

나는 학생에게 말했다.

"가족에게 기대를 표현해 보는 것은 어떤가요?"

학생은 표현해 봤지만 소용없었다고 말했다. 내가 그에게 물었다.

"어떻게 표현했죠?"

학생이 대답했다.

"가족에게 '매일 그렇게 부정적인 에너지가 가득하면 안 돼! 나를 항상 그런 식으로 공격하지 마!'라고 말했어요."

'매일', '항상'과 같은 표현이 적합하지 않다는 사실은 차치하고라도 그의 표현 중에는 부정적인 화법으로 기대를 드러내는 특징이 있었다.

이런 표현에는 물론 장점이 있다. 첫째, 현상을 직접적으로 부정하면 매우 간편하다. 긍정적으로 기대를 표현하려면 원하는 상황을 그려 낸 다음 표현해야 하니 고민과 생각이 필요하다. 이는 '생각하는 데 쓰는 에너지를 절약해야 한다'는 잠재의식의 원칙과 맞지 않는다.

그렇다면 부정적인 표현의 단점은 뭘까? 너무나도 단순하다. 나의 기대를 실현하기 더욱 어렵다는 것이다. 부정적인 화법을 접한 상대방이 나의 말에 담긴 기대를 의식하려면 더 많은 고민의 시간이 필요하다. 우선 '부정=기대'라는 공식을 이해해야 하는데 이는 전문적인 훈련이 필요하다. 하지만 사람들은 대개 상대방이 분노하면 상대방의 감정에 저항하느라 분노에 담긴 의미를 생각해 볼 힘이 남지 않는다. 사람들은 상대가 하는 말의 의미를 파악하기보다 자신을 보호하는 것을 더 중요시하기 때문이다.

마음이 강한 사람만이 상대방의 분노가 가져온 충격을 소화하고 상대방이 표현하고 싶은 생각을 헤아릴 여력이 있다.

부정적 표현으로 기대를 드러낼 때의 두 번째 장점은 욕구의 수치심을 예방한다는 것이다. 기대를 직접적으로 표현하면 상대방에게 부탁하는 것 같고, 저자세를 보이는 것 같아 수치심이 느껴지기도 한다.

가족에게 화가 났다는 학생의 '나를 공격하지 않았으면 좋겠어'라는 기대가 정면으로 드러내는 것은 무엇일까? 학생의 진짜 기대는 이렇다.

**'나를 공격하면 상처받아요. 나는 공격을 참을 수 없어요. 그러니까 나의 약한 부분을 배려해 주면 좋겠어요.'**

대부분 기대를 직접적으로 표현하면 '나는 당신이 필요해'와 같은 저자세를 취하게 된다. 낮은 자세를 보여 가며 부탁하고 싶지 않은 사람은 고자세라는 상반된 방식을 드러낸다. 분명 부탁을 해야 하는데도 높은 자세를 보이며 마음속에 있는 저자세를 방어한다. 이때 분노는 자존심을 보호하는 방식이 된다.

분노라는 방식을 이용한 기대는 '요구'다. 부탁과 요구는 다르다. 부탁은 상대방을 존중하고 상대가 어떻게 하길 바란다고 표현한다. 이런 표현에는 무엇보다 당연한 것이 없다.

하지만 요구는 '반드시 어떻게 해야 한다'는 강압이다. 이런 표현은 당연히 해야 한다는 느낌이 매우 강하다. 요구는 '이것은 당신이 반드시 해야 하는 일이고, 하지 않으면 나쁜 사람이야!'라고 말하는 것과 같다.

부탁은 상대방이 거절해도 수용할 수 있다. 하지만 요구는 상대방의 거절을 받아들일 수 없다는 의미를 내포한다. 따라서 부탁과 요구 중 하나를 선택할 때는 우선 상대방의 거절을 수용할 수 있는가를 생각해 봐야 한다.

## 분노가 하는 말: 나는 당신이 밉다

왜 저자세는 수치심을 불러일으킬까? 사실 저자세 자체가 수치심을 유발하지는 않는다. 다른 사람에게 부탁할 때, 상사를 만났을 때, 좋아하는 사람을 마주쳤을 때 우리는 기꺼이 저자세를 취한다. 이런 경우에는 상대방이 관심과 배려를 보여주길 바라는 저자세이기 때문에 수치심이 느껴지지 않는다. 그런데 어째서 분노를 유발한 대상이 있을 때만 저자세가 수치심을 불러일으킬까? 이는 자신이 상대방보다 수준이 높다는 생각에 상대방을 무시하는 잠재의식 때문이다.

무시하는 사람에게 도움을 부탁하려니 모욕적인 것 같다. 하지만 나를 위해서는 상대방의 변화가 필요하다. 어떻게 해야 할까? 거만한 자세로 요구하면 상대방을 무시하는 고자세를 유지할 수 있고, 상대방은 나를 위한 행동을 할 것이다.

앞에서 말했듯이 분노는 타인에 대한 기대이자 욕구다. 그런데 재미있게도 분노는 또 타인에 대한 미움이기도 하다. 이로 알 수 있듯이 상대방이 부족하다고 생각하고 그 부족한 점을 받아들일 수 없으므로 바꾸길 바란다. 그리고 상대방이 부족하다고 여기는 순간 이미 상대방을 향한 미움도 시작된다. 그런데 곰곰이 생각하면 상대방을 향한 무시는 방금 일어난 일 때문이 아니라 그 사람에 대한 오랜 생각이 쌓인 것이다. 다만 방금 일어난 사건을 계기로 상대방에게 오랜 시간 품어 온 감정이 드러났을 뿐이다.

어느 여학생이 남자친구의 소극적인 연락에 화가 났다. 그녀는 자신이 남자친구보다 여러모로 '조건이 좋아서' 손해 보는 연애를 하고 있고, 남자친구는 행운을 잡았다고 여겼다.

"그런데도 내 전화를 받지 않다니, 남자친구는 자기 자신을 인지하지 못하는 것 같아요."

그런데 만약 이 여학생이 자신보다 '조건 좋은' 남자와 연애한다면 어떨까. 상대방은 그녀가 존경하는 대상이고 그녀가 적극적으로 구애했다. 그런 남자친구가 메시지에 바로 답장하지 않으면 그녀는 걱정은 해도 남자친구에게 화를 내지는 않을 것이다. 그녀는 지금의 남자친구가 답장이 늦어서가 아니라 자신의 위치를 제대로 깨닫지 못하고 자발적으로 저자세를 취하지 않아서 화가 났다.

자녀에게 불만이 많은 어머니가 있었다. 그녀는 공부와 숙제를 게을리하는 아이가 자신의 장점을 전혀 닮은 것 같지 않아서 아이를 미워했다. 하지만 자신의 혈육인 아이를 미워한다는 사실을 인정할 수 없었다.

반대로 생각해 보자. 만약 아이가 별로 열심히 노력하지 않아도 공부를 잘해서 어머니의 든든한 자랑거리가 된다면, 아이가 숙제와 학업을 충실히 하지 않아도 어머니가 화를 낼까?

또 다른 여성이 내게 말했다.

“아이를 데리고 학원에 갔는데 주차할 자리가 없어서 화가 치밀었어요. 얼른 주차하지 못하니 조급해서 가슴에서 불이 일어나는 것 같았어요.”

주차할 곳을 찾지 못했을 때의 조급함은 이해할 수 있다. 그런데 왜 분노할까? 이 여성에게는 도시에 미흡한 점이 많다는 잠재의식이 있다. 자신이 거주하는 도시가 마음에 들지 않는다고 생각할수록 도시의 교통, 공공시설 등에 쉽게 분노한다.

분노는 한순간의 미움이 아니다. 그것은 오랜 시간 쌓인 경멸이다. 따라서 이때 분노는 “당신이 예전부터 마음에 들지 않았어. 마침내 이 일을 계기로 표현했을 뿐이야.”라고 말한다.

## 분노 해소를 위해 미움을 해결하라

분노는 하나의 기회다. 분노는 오랫동안 쌓아 온 불만을 상대방에게 드러낼 수 있다. 이때 분노를 계기로 다음을 발견할 수 있다.

**나는 평소 상대방에게 어떤 불만이 있었을까?**

**나는 상대방의 어떤 부분을 경멸했을까?**

**나의 우월감은 어디에서 오는 걸까?**

그런 다음에 상대방을 정정당당하게 경멸하자. 상대방에게 솔직하고 싶다면 직접적으로 알려 줘도 된다.

"솔직하게 말할게, 나는 오랫동안 당신을 미워했어!"

만약 이 미운 감정을 해결하지 않는다면 두 사람의 관계에서 응어리는 사라지지 않는다. 이를 위해서는 나에게 상대방보다 나은 점도 있고, 상대방도 나보다 훌륭한 점이 있다는 것을 분명히 인식해야 한다. 요컨대 우리는 타인과 수평선에 놓인 평등한 관계다. 상대방의 장점을 찾지 못하면 그가 별로라고 생각해 미워하고 그를 떠날 수도 있다. 그런데 정작 상대방을 떠나지 못한다. 이는 상대방에게 그 사람만의 장점과 가치가 있고, 차마 떠나지 못하는 이유가 있다는 뜻이다.

다른 사람이 나에게 분노할 때 원만한 관계를 원한다면 자신에게 어떤 불만이 있는지 알려 달라고 하자. 그런 후에 소통을 이어 가면 숨겨진 응어리가 쉽게 녹는다.

# 내 안의 분노 톺아보기

1 분노했을 때 상대방을 경멸한 부분을 찾아보세요.

2 상대방을 경멸한 이유 3개를 찾아보세요.

3 나의 느낌과 원하는 변화에 대해 이야기해 보세요.

## 문제가 중요할까, 관계가 중요할까?

분노는 상대방보다 '문제'를 더 중요시한다. 우리가 사람 자체보다 문제를 더 중요하게 생각하는 이유는 우리가 문제보다 우선이었던 경험이 없기 때문이다. 사람들은 어렸을 때부터 문제를 우선시하는 삶의 방식에 익숙했다. 다른 사람의 기분이나 그와의 관계보다 문제 해결이 더 중요했던 것이다.

한 여성이 하소연했다. "제 아이는 간단한 계산 문제도 항상 틀려요. 너무 덤벙거리죠. 그러면 저는 참지 못하고 결국 화를 내요."

이 여성은 아이의 '계산 문제'와 '덤벙거림'이 매우 중요하다. 아이의 기분, 그녀와 아이 사이의 감정, 엄마에 대한 아이의 생각보다 문제가 더 중요하다. 하지만 '계산 문제'가 정말 그렇게 중요할까?

아이가 '계산 문제를 정확하게 푸는 것'도 중요하지만, 이보다 더 중요한 것은 아이 그 자체이다. 아이를 사랑하고 아이와의 관계를 보호하고 싶다면 아이의 생각과 감정, 아이의 기분, 나아가 자신과 아이의 관계를 더 중요한 위치에 둬야 한다. '계산 문제를 정확하게 풀었는가'가 가장 중요한 문제가 되어서는 안 된다. 시야를 더 넓혀야 한다는 말이다. 아이의 기분을 고려하다 보면 분노는 감소하다가 결국 사라진다.

어떤 사람들은 문제가 해결되어야 관계를 보호할 수 있다고 생각한다. 예를 들어 "그 사람은 항상 나를 비판하는데 그 문제를 해결하지 않으면 우리는 사이가 좋아질 수 없어요."라고 말하는 사람도 있다. 그 사람은 '나의 행동이 맞았는가'가 '우리의 관계'보다 더 중요하다고 판단했다. 만약 네 살짜리 아이가 엄마에게 "엄마는 나빠! 이제 엄마랑 말하지 않을 거야!"라고 했다면 엄마는 아이에게 자신의 행동이 잘못됐는지가 중요할까 아니면 아이와의 관계가 더 중요할까?

## 나의 마음이 온전히 향하는 선택

문제가 더 중요할까, 관계가 더 중요할까? 모든 상황에서 사람이 더 중요하지 않기 때문에 이런 질문이 제기된다.

한 여성이 자신의 어머니에 관한 이야기를 했다.

"제 남동생은 아직 미혼인데 저보다 연봉이 높아서 주택을 마련할 능력이 충분해요. 저는 아이 둘을 키우고 있고 주택담보대출도 아직 갚고 있는 상황이고요. 그런데 엄마가 제게 남동생 주택 마련 자금에 보태고자 돈을 빌려 달라고 하시더라고요."

이 문제는 사실 분노할 필요 없이 해결할 수 있다. 어머니에게 돈을 빌려주지 않으면 그만이다. 하지만 이 여성은 그러지 못한다. 어머니의 기분까지 고려하기 때문이다. 돈을 빌려주지 않으면 그녀의 어머니는 실망하고 속상해할 것이다. 그렇다고 해서 어머니에게 기분 좋게 돈을 줄 수도 없다. 돈과 어머니의 기분, 둘 다 중요한 그녀에게 2가지가 서로 충돌하니 괴로울 수밖에 없다.

이런 경우 질문해 보자. 돈이 중요할까, 아니면 어머니의 기분이 더 중요할까?

돈이 더 중요하다는 판단이 서면 어머니의 기분을 고려할 필요가 없다. 어머니의 기분이 더 중요하다고 생각하면 돈을 포기하면 된다.

마음에 충실한 선택을 하고 그것에 책임지면 다른 사람에게 분노하지 않는다. 분노는 다른 사람이 자신을 위해 책임져 주길 바랄 때 일어난다.

다른 사람의 비난과 부정 그리고 그로 인한 상처에 맞서기 위해 우리는 분노를 이용해 자신을 보호한다. 이때 보통 '이 사람에게 나는 좋은 사람인가'에 주목한다. 그때 자신에게 하나 더 물어보자. '그 사람이 나를 보는 관점이 중요할까, 아니면 나와 그 사람의 관계가 더 중요할까?'

## 단호하되, 따뜻함을 유지하라

아이들은 성장하는 과정에서 인지의 유한성 때문에 '무리'한 요구를 한다. 예를 들어 기차를 탈 때 갑자기 집에 돌아가고 싶다고 말하거나 장난감 가게를 지날 때 아주 비싼 장난감을 사달라고 조른다. 이때 요구를 들어주지 않으면 아이는 화를 내거나 운다.

아이의 요구를 들어줄 수 없다면 어떻게 할까? 어떤 부모는 아이에게 '철이 없다', '생떼를 쓴다'고 화를 내며 '말을 듣지 않는 아이는 필요 없다'며 으름장을 놓는다. 이런 부모는 아이보다 문제를 더 중요하게 생각하고 있다. 이들은 자기 속내를 드러내는 아이가 아닌 '철든' 아이를 원한다.

아이를 더 중시한다면 어떻게 하면 될까? 다음처럼 침착하게 거절하면 된다.

**"네가 원하는 것을 표현해도 괜찮아. 하지만 나는 너의 요구를 들어줄 수 없어. 너만의 생각이 있는 것도 좋아, 다만 나는 동의하지 않을 뿐이야. 비록 너는 지금 들어줄 수 없는 요구를 하는 아이지만 나는 너의 진짜 모습을 존중하고 여전히 사랑해. 내가 원하는 아이의 모습이 아니라고 해서 너에게 상처를 줄 생각은 없어."**

**"만약 거절 때문에 상처를 받았다면 사과할게. 내 설명이 기분이 나아지는 데 도움이 되면 좋겠어. 미안해, 엄마는 너의 요구를 들어줄 수 없어, 이유는 …야. 내가 잘못해서 사과하는 게 아니야, 너의 슬픔에 마음이 아파서야."**

**"나는 너의 슬픔을 보고, 너의 슬픔을 함께하고 싶어. 나 때문에 화가 났어도 너와 함께할 거야. 네가 원한다면 다른 일로 너**

의 기분을 풀어줄게."

어떠한가. 적의를 품지 않은 단호함이 보인다.

나만의 단호함을 유지하면 상대방도 자신만의 단호함을 유지할 수 있다. 나의 관점을 드러내면 상대방도 자신의 관점을 드러내고 서로의 생각을 논의한다. 그러면 상대방이 변하지 않고 관점을 유지하더라도 그것 때문에 관계를 포기하지 않으며, 변화를 강요하기 위해 분노를 이용해 위협하거나 벌을 주며 강요하는 일은 더욱이 없다.

## 관점과 사람을 구분하라

'적의가 없는 단호함'의 핵심은 관점과 사람을 구분하는 것이다. 상대방의 관점이 나와 다를 때 그의 관점에 동의하지 않으면서도 그 사람을 여전히 받아들일 수 있다면, 그를 향한 분노는 결국 줄어들거나 사라진다. 하지만 그의 '관점'이 아니라 그 '사람'이 나쁘다고 생각하면 분노는 더욱 강렬해지고 인신공격까지 서슴지 않는다.

분노한 사람이 다른 사람의 관점을 수용하기 어려운 이유는 자신을 바라보는 상대방의 관점을 자신에 대한 부정과 배척으로 간주하기 때문이다. 그 상처는 수치심으로 변질되고 이내 분노로 진화한다.

누군가 "당신은 너무 게을러."라고 말하면 어떤 기분일까?

상대방이 나의 게으름을 수용하지 못해도 전과 다름없이 나를 사랑하고 떠나지 않을 거라고 생각한다면 상대방의 비난에 크게 동요하지 않을 것이다.

내가 봐 왔던 많은 가정이 이렇다. 아내는 매일 남편이 게으르고 씻지 않으며 집 안을 정돈하지 않는다고 비난한다. 하지만 남편은 그저 허허허 웃으며 하고 싶은 대로 한다. 왜냐하면 남편은 아내가 자신의 게으른 모습을 싫어하지만 여전히 자신을 사랑할 것임을 잘 알기 때문이다. 따라서 다른 사람을 향해 분노하거나 부정할 때 먼저 스스로에게 물어보자.

'나는 그의 전부를 부정하는 걸까, 아니면 그의 생각을 부정할 뿐일까? 우리 사이에 문제가 더 중요할까, 아니면 관계가 더 중요할까?'

다른 사람이 나에게 분노하고 부정할 때도 스스로에게 물어보자.

'이 사람은 나 자체를 부정하는 걸까, 아니면 나의 생각을 부정하는 걸까?'

그런 후에 사랑과 수용의 자세로 관계를 지킨다는 기초 위에서 관점의 차이를 어떻게 해결할지 생각하고 논의해 보자.

## 분노를 이용해 친밀함을 방어하다

사람과 관점을 구분해도 분노를 완전히 없애기는 어렵다. 문제보다 사람을 더 중요한 위치에 두었다면 두 사람의 관계는 문제 때문에 갈라질 일은 없다. 자녀가 수학 문제를 틀려도 여전히 자녀를 사랑한다고 생각한다. 하지만 잠재의식은 다르다. 화가 나고 분노가 치민다. 이는 자녀와 빈틈 하나 없이 친밀하기 때문이다.

친밀함이 누구에게나 통하는 것은 아니다. 많은 부모와 배우자들은 상대방에게 친밀함을 드러내는 걸 부끄러워한다. 오히려 이들은 상대방과 '무슨 문제가 있는지'에 관해 이야기하길 더 좋아한다. 어떤 사람들에게 눈앞에 문제가 없다는 건 속옷을 챙겨 입지 않은 것과 같아서 견디기 힘들다. 지나친 친밀함은 일부 사람들에게 부끄러움을 유발하는데 이를 '친밀 수치심'이라고 한다.

사람들은 저마다 받아들일 수 있는 친밀도의 한계가 있다. 친밀함이 사라져 멀어지면 고독하고 적막하다. 그러면 사람들과의 거리를 좁히기 위한 행동을 한다. 하지만 지나치게 친밀하면 부끄럽고 강압적이어서 괴롭다. 그때는 멀어지기 위한 행동에 나선다.

이때 분노는 너무 가까운 사이를 벌려 놓는 역할을 한다. 잠재의식은 두 사람 사이의 문제를 발견하면 분노를 이용해 상대방을 밀어낸다. 그러면 재미있는 현상이 나타난다. 두 사람이 오랜 시간 멀어지면 서로의 결점이 더 이상 중요하지 않고 오히려 더 감정이 깊어지는 것이다. 반대로 친밀감이 지나쳐 오랜 시간 함께 있으면 미움이 싹튼다.

마찬가지로 매일같이 자녀와 함께 있는 부모는 매일 문젯거리를 찾아내고 서로의 거리를 벌린다. 심리적인 밀어내기로 물리적인 가까움을 없애는 것이다. 이런 부모는 자녀에게 "사랑해." 라고 말하는 경우가 드물다. 하지만 매일 출근하느라 자녀와 함께할 시간이 부족한 부모는 다르다. 이들은 "너를 매우 사랑해." 라고 말하며 언어로 거리를 좁히고 물리적 소원함을 없애려고 노력한다. 요컨대 분노는 문제를 만들어 가며 상대방을 밀어낸다. 두 사람이 너무 가까이 있기 때문이다.

누군가에게 친밀함은 익숙하지 않은 경험일 수도 있다. 그럴 때 "나와 너무 가까워지지 마."라며 보호한다.

이런 친밀 수치심은 어디에서 비롯됐을까? 어린 시절 부모와 가장 친밀했던 심리적 거리가 바로 성인이 된 후 감당할 수 있는 친밀함의 심리적 거리다. 어렸을 때 부모와 친밀했던 만큼 성인이 된 후 자녀에게, 배우자에게 친밀함을 허락한다. 하지만 일단 그 친밀함의 거리를 넘어서면 말다툼을 하거나 미워하거나 소원해질 수 있다. 그런데 또 막상 소원해지면 적극적으로 만류하거나 화젯거리를 찾아 말을 걸며 또다시 거리를 좁힌다.

부모는 문제를 찾아내는 방식으로 우리를 밀어냈고 우리도 이 방식을 배웠다. 이 점을 깨달았을 때 스스로에게 물어보자.

'다른 사람과 진정으로 가까워질 준비가 되었는가?'

친밀함의 또 다른 결점은 무엇일까. 아무도 나의 기분을 신경 쓰지 않는데 나는 친밀하다는 이유로 상대방의 기분을 신경 써야 한다. 아무도 내가 문제보다 중요하다고 생각하지 않는데 친밀하다는 이유로 상대방을 문제보다 중요시해야 한다.

나의 기분을 먼저 헤아리고 나 자신을 문제보다 우선시하는 법을 배워야 남을 공감하며 대할 수 있다. 이것이 바로 다음 장에서 중점적으로 다룰 내용이다.

## 내 안의 분노 톺아보기

**1** 상대방의 기분보다 더 중요한 문제는 무엇이었나요?

..............................................................

..............................................................

..............................................................

**2** 아래 문장을 채워 큰 소리로 읽고 난 후 나의 기분을 관찰해 보세요.

- ..................가 당신보다 더 중요해!
- 당신이 무슨 기분인지는 중요하지 않아. .................. 야말로 더 중요해!
- 우리의 관계는 중요하지 않아. ..................야말로 가장 중요해!

**3** 상대방의 기분도 동시에 배려할 수 있다면 이 일을 어떻게 해결해야 하나요?

..............................................................

..............................................................

..............................................................

..............................................................

## 세상의 중심에서 분노를 외치다

상대방에게 불만을 느끼고 분노하면 보복하고 싶은 충동이 일어나고 벌을 주고 굴복시키고 싶다. 하지만 이러한 방법은 쉽게 실행에 옮기기 힘들다. 그럴 때는 무력이 해결 방법이 되곤 한다. 그런데 이러한 무력의 최초 동력이 바로 '분노'다. 아주 먼 옛날 인류가 탄생했을 때부터 오늘날 문명 시대에 이르기까지 문제를 무력으로 해결하려는 원시적인 방식은 줄곧 이용되었고 본질적으로 변하지 않았다.

누군가에게 분노할 때 사람들은 2가지 방식으로 상대방을 벌한다. 이 2가지 충동은 상충되지 않고 우리 마음속에 동시에 존재한다.

**폭력 : 나는 널 다치게 할 거야**

'나를 화나게 했으니 너를 때리고 욕하고 네게 복수할 거야. 너에게 해코지할 거야. 너를 저주하고 짓밟아서 지옥으로 떨어뜨리고 싶어.'

**무관심 : 너를 포기할 거야**

'너를 떠나고 포기하고 거리를 둘 거야. 만약 네가 나의 연인이라면 헤어지고 다시는 만나지 않을 거야. 네가 내 친구라면 절교할 거야. 너를 알게 된 게 나의 가장 큰 불행이야.'

물론 이런 잔인한 행동은 현실적으로 어렵다. 하지만 분노하는 순간에는 마음속에 이런 충동이 서슴없이 생겨난다.



## 나는 당신을 심판할 자격이 있다는 착각

상대방이 나의 요구를 듣지 않았을 뿐인데 왜 벌을 주고 싶은

지 생각해 본 적이 있는가?

다른 사람이 나의 요구에 부응하지 않으면 그 사람이 틀렸다고 생각하고 벌을 주려 한다. 이때 나의 잠재의식은 다른 사람을 심판하는 쾌감을 느낀다.

상대방이 틀렸다고 정의하고 요구를 제시하는 그 순간, 상대방이 판단 능력이 있고 독립적이며 나와 평등한 사람이라는 사실을 망각한다. 그때의 잠재의식은 자신이 상대방의 주인이라고 여긴다.

'나는 당신을 평가할 자격이 있어, 나는 당신을 부정할 자격이 있어, 나는 당신에게 요구할 자격이 있어.'

이런 생각을 한다는 것 자체가 '나'는 높은 사람이고 상대방이 낮은 사람이라고 여기고 있음을 보여 준다. 이때의 '나'는 마치 법전을 들고 있는 판사처럼 타인을 심판한다.

**당신이 어떤 사람인지는 내가 결정해.**

**무엇이 맞고, 무엇을 마땅히 해야 하는지는 내가 결정해.**

**당신이 할 일은 내가 결정해.**

**당신이 어떤 규칙으로 살아야 하는지는 내가 결정해.**

**내가 말한 대로 하지 않으면 당신에게 벌을 내릴 거야.**

이러면 자신이 마치 정의 구현의 사도가 된 것 같고 이런 생각까지 든다.

'만약 지금 당신이 내게 오해와 부정 또는 통제를 받아 괴롭다면, 미안하지만 그건 내가 원하는 결과야. 그것은 당신이 나의 지위를 인정했다는 것이고, 징벌이 효과가 있었다는 뜻이야. 마찬가지로 당신이 잘하면 칭찬해 줄 거야. 나는 상벌이 명확한 사람이니까! 당신이 그것 때문에 기쁘다면 나의 상이 효과가 있다는 뜻이지.'

## 전지전능한 나르시시즘의 발현, 분노

세계의 중심이 되는 것, 그것은 인류의 궁극적인 환상이다. 사람들은 누구나 마음 깊은 곳에 높은 지위와 천하 통치라는 꿈을 품고 있다. 그래서 인류는 이와 관련된 신화를 대거 창조해 환상 속에서 염원을 이뤘다.

아이들은 '우주의 중심이 되겠다'는 꿈을 꾼다. 그러다 사춘기 그리고 성인이 된 후에는 '카리스마 넘치는 회장', '잘생기고 돈 많은 청년' 같은 꿈을 꾼다. 모든 환상에는 '중심이 되고 싶다'는 꿈이 밑바탕에 깔려 있다.

이는 영유아기의 전능한 나르시시즘이 아직 몸과 마음에 남아 있다는 뜻이다. 영아는 출생한 후 자신이 전능하다고 생각한다. 영아는 엄마를 절대적으로 통제한다. 배가 고프다면 엄마는 배를 채워 주고 안아 달라고 하면 안아 준다. 이때 엄마의 생각이나 기분은 고려하지 않는다. 엄마에게 영아는 신이나 다름없다. 그렇지만 조금씩 성장하면서 자신의 한계를 인식하기 시작한다. 현실에서 우리는 만능 인간이 될 수 없다고 생각하거나 될 생각조차 하지 않는다. 하지만 잠재의식은 지금의 평범함을 받아들이지 못하고 높은 지위에서 다른 사람을 심판하는 쾌감을 누리도록 가상을 만들어내기까지 한다.

이때 분노는 우리의 그 원시적인 욕망을 실현하도록 도와준다. 분노 덕분에 우리는 높은 지위에서 상대방을 부정할 특별한 힘을 소유한다.

상대방이 나에게 분노하면 공포감을 느낀다. 그 사람에게 주도권이 있고 나는 심판받고 있음에 동의했기 때문이다. 그러면 나의 잠재의식은 죽음에 대한 불안을 활성화한다. 하지만 이성이 조금만 돌아와도 상대방에게 그런 능력이 없음을 깨닫는다. 상대방이 나를 부정해도 나를 진짜 심판할 수는 없다. 그러므로 상대방이 분노하면 그의 잠재의식이 나에 대한 심판권을 가지고 나의 모든 것을 결정하려 한다는 것을 알아야 한다. 그러기 위해선 스스로 이런 질문을 해 보는 것이 좋다.

**상대방이 내가 어떤 사람이라고 말하면 나는 정말 그런 사람이 될까?**
**상대방이 내가 틀렸다고 말하면 나는 정말 틀린 것일까?**
**상대방이 내가 무엇을 해야 하고, 무엇을 하면 안 된다고 말하면, 그의 뜻대로 해야 할까?**
**나를 판단할 권리를 상대방에게 줄 것인가?**
**동의해야 하는가?**
**반박해야 하는가?**

반박의 뜻은 '억울해! 그런 것이 아니야!'다. 하지만 사실 반박을 해도 여전히 상대방을 규칙을 만든 사람이자 나의 통치자로 삼고 있다.



## 분노의 배후에 있는 무력감

훌륭한 조건을 갖춘 성숙한 사람들은 자신을 직접 드러내지 않아도 사람들이 자발적으로 주목한다. 이런 사람들은 타인을 부정하는 경우가 드물고 인정과 칭찬을 자주 한다.

한편 평범한 사람이 주목받으려면 어떻게 해야 할까? 나의 조건이 유한할 때 다른 사람들의 주목을 받고 싶다면 높이 올라서야 한다. 높이 서고 중심에 있을수록 타인의 시선을 집중시킬 수 있다. 이때 분노가 필요하다. 기세와 성량으로 상대방을 압도해야 자신의 위치를 더 높일 수 있다. 어렸을 때부터 우리는 가정, 학교, 사회에서 두드러진 사람만이 주목받고 약한 사람은 소홀한 대접을 받는다고 배워 왔다. 그러므로 분노는 자신을 상대방보다 더 높은 위치에 두고 자신의 낮은 주목도를 방어하고 싶을 때 나오는 심리의 발현이다. 분노는 강해 보이지만 사실은 '나는 당신에게 주목받고 싶어'라는 외침이다.

매번 큰 소리로 상대방에게 '당신이 틀렸어', '당신은 그렇게 하면 안 돼'라고 외칠 때 이 말을 추가해 보자.

'나는 당신과 연결되어 있어, 내가 보여? 나는 당신에게 말하고 있어, 내가 들려? 나는 이렇게 적극적인데 왜 당신은 나에게 주목하지 않는 거야?'

이렇게 마음속 진정한 열망이 흘러나오면 분노의 배후에 자리한 깊은 무력감을 발견할 수 있다. 이는 상대방이 틀렸다고 큰 소리로 비난하는 것처럼 보이지만 그가 자신의 세계를 벗어나 나에게 눈길 한 번 주지 않고 있는 것에서부터 오는 무력감의 표현이다.

우리는 분노에 대처하면서 내면의 소리에 귀를 기울여야 한다. 생각해 보자. 나는 왜 외로움을 두려워하고 왜 다른 사람과 연결되길 갈망하고 또 왜 다른 사람을 그 사람의 세계에서 꺼내와 나에게 집중하도록 할까. 왜 나는 주목받지 못하는 것을 두려워할까.

그런 후에 '주목받기 위해서 정말 노력했구나' 하고 자신을 칭찬해 주자. 분노는 노력의 방식이다. 그러니 자신의 분노에 "수고했어"라고 한마디만 해 주자. 어쩌면 어린 시절 아무런 주목을 받지 못했을지도 모른다. 줄곧 주목받지 못하는 아이였던 나는 큰소리로 외쳐야만 주목받는다는 사실을 깨우쳤을지도 모른다. 하지만 지금은 다르다. 현 시대는 다른 방식으로 주목받을 수 있다. 혹은 아무도 주목하지 않아도 혼자서도 잘 지낼 수 있다. 우리는 이미 독립적인 성인이 되었고 스스로를 잘 돌볼 수 있기 때문이다. 만약 다른 사람의 관심과 주목을 갈망한다면 상대방에게 '당신은 틀렸어'와 같은 지적보다는 '나를 좀 봐줄래?'라고 말해 보자.

어쩌면 어렸을 때부터 부모도 우리의 관심이 필요했을지도 모른다. 부모가 우리의 관심을 불러일으키는 방식은 우리에게 분노하는 것이고, 우리도 같은 방식으로 다른 사람을 대하는 법을 배웠다. 이것이 우리가 스스로를 보며 마음 아파해야 하는 이유다. 우리는 어렸을 때부터 부모의 욕구에 어쩔 수 없이 호응해야만 했다.

다른 사람의 분노에 대처할 때 알아야 하는 것이 있다. 상대방이 나를 부정할 때 그의 잠재의식은 사실 자신을 봐 주길 원하는 마음이다. 그를 사랑하고 그와의 관계를 잘 유지하고 싶다면 그를 주목하고 말해 주자.

"화내지 마, 나는 너를 보고 있어."

누군가에게 관심과 주목을 받으면 옳고 그름은 더 이상 중요하지 않다.

## 내 안의 분노 톺아보기

**1** 상대방은 당신을 어떻게 무시했나요? 당신의 무엇을 무시했나요?

**2** 상대방을 어떻게 벌주고 싶나요? 자신의 징벌 충동을 어떻게 생각하나요?

**3** 상대방이 벌을 받은 후 당신을 어떻게 대하길 바라나요?

# 4장

# 분노는 자기 요구다

# 분노를 일으키는 공식은 따로 있다

한 어머니가 말했다. "저와 아이 사이에 문제가 있어요. 아침에 아이에게 일어나라고 하면 잠에서 깼는데도 침대에서 꿈쩍도 안 해요. 깨어난 지 얼마 안 됐을 때 정신이 몽롱한 것은 이해해요. 하지만 아침마다 일어나는 문제 때문에 실랑이를 해요. 지각하기 바로 전까지 꿈쩍도 안 하다가 혹시나 지각할 것 같으면 아침 식사를 거르든가 아예 학교에 가기 싫다고 해요. 화가 나서 미칠 것만 같아요."

이 문제를 해결하는 최고의 방법은 인내심을 갖는 것이다. 아이의 자기 관리 능력은 성인보다 약하다. 아이들은 양육자의 인내와 함께 훈육, 소통, 본보기, 격려를 통해 조금씩 바른 습관을 형성하고 자연스럽게 시간 관념을 배운다.

사실 인내심은 모든 분노를 해결하는 효과적인 비법이다. 인내심이 충분하면 해결하지 못할 분노가 없다. 하지만 인내심을 매번 실천하기란 너무 어렵다.

사람의 마음은 에너지를 담는 그릇과 같다. 이 그릇은 사람의 상태에 따라 에너지로 가득 차 있기도 하고, 또 때로는 비어 있기도 하다. 에너지가 충분할수록 외적 자극에 대한 감당 능력이 강하고, 에너지가 부족할수록 외적 자극에 대한 감당 능력이 약하다. 이 능력과 관련해 분노를 표현하는 공식이 하나 있다.

분노 = 외적 자극 스트레스 - 내부 감당 능력

외적 자극에서 비롯된 스트레스가 감당 능력을 넘어서면 마음이 무너지면서 분노가 차오른다. 그 순간 스트레스를 충분히 대처할 감당 능력이 있다면 문제를 여유롭게 해결할 수 있다.

## 분노는 마음의 병을 알리는 신호이다

분노의 첫 번째 기능은 메시지를 전달하는 신호의 역할이다. "주의하세요! 남은 에너지가 얼마 없습니다. 당면 과제를 해결할 수 없으니 즉시 충전하거나 과제 수행을 멈춰야 합니다!"

분노는 이제 인내심이 극에 달했으니 지금부터는 재빨리 자신을 보호하는 조치를 취하라고 알려 준다.

분노의 두 번째 기능은 '집중 돌파'다. 분노는 집중적으로 폭발하는 고도의 에너지다. 분노하면 모든 에너지를 한곳으로 집중해 분노하게 만든 사건을 처리한다. 따라서 분노하면 집중도가 매우 높아지는 자신을 발견한다. 최후의 수단인 분노는 이렇게 말한다.

**이제 더는 못 버티겠어!**
**에너지가 거의 다 고갈됐어!**
**부탁이야, 이 일을 끝내도록 어서 협조해 줘!**
**더는 나를 괴롭히지 마!**

퇴근 후 집에 갔더니 아이가 게임을 하느라 정신이 없다. 이때 만약 에너지가 남아 있다면 인내심을 가지고 온화한 방식으로 아이의 태도를 변화시키고자 할 것이다. 하지만 남은 에너지가 얼마 없다면 무섭게 호통친다. 이때 호통은 아이가 공부를 하도록 만드는 가장 빠른 지름길이다. 상사가 야근을 요구했을 때 에너지가 남아 있다면 야근을 해도 상관없다고 여기겠지만 에너지가 얼마 없다면 상사에게 화내고 싶다. 비록 결과에 대한 두려움 때문에 이성적으로는 그렇게 하지 못하지만 말이다.

분노는 우리가 아플 때 나는 열과 같다. 열은 2가지 기능이 있는데, 첫째는 신호 기능이다. 열은 면역 계통에 이상이 생겼다고 알려 준다. 두 번째는 보호 기능이다. 열은 문제 집중 처리 시스템을 가동하여 세균과 질병을 처리한다. 따라서 열이 나면 힘들긴 해도 사실상 우리를 보호하기 때문에 고마운 증상이다. 분노 역시 우리를 보호한다. 이미 에너지가 부족한 우리가 '적자'를 면하도록 도와준다.

따라서 분노를 경험할 때 자신이 분노한다고 자책하거나 상대방이 무엇을 잘못했다고 다그치기 전에 자신에게 물어보자.

"나는 왜 그럴까? 무슨 일 때문에 이 스트레스를 견딜 수 없을까?"

여기에는 세 가지 원인이 있다.

### 원인 1. 나를 소모하는 일이 너무 많다

에너지가 부족한 첫 번째 원인은 나를 소모하는 일이 너무 많기 때문이다. 일상에서 너무 많은 일이 우리의 에너지를 소모시킨다. 집안일, 양육, 업무, 학업, 대인관계, 부모님 부양, 친구, 식사, 수면, 꿈을 위한 분투…. 매일 여러 가지 일로 삶이 꽉 차 있고 피곤한 일들에 치여 산다. 이런 상황에서 신경 써야 할 일이 하나라도 더 생기면 그대로 무너질지 모른다. 그래서 향상심이 강한 사람일수록 자신에게 요구가 많고 그만큼 쉽게 분노하고 작은 좌절에도 무너질 수 있다. 또 걱정이 많은 사람일수록 분노하기 쉽다. 모두 다 처리할 에너지가 없을 정도로 신경 써야 할 일이 너무 많을 때 아이가 장난감을 바닥에 던지기라도 하면 순간적으로 분노한다.

당나귀에 관한 이야기가 있다. 당나귀가 등에 곡식을 한가득 짊어지고 길을 가며 생각했다. '어쩔 수 없지, 내 일은 내가 할 수밖에.' 하지만 어느덧 당나귀는 한계에 이르렀다. 그런데 갑자기 어디선가 날아온 볏짚이 당나귀의 등에 떨어졌고, 그 바람에 당나귀는 넘어지고 말았다. 그러자 당나귀가 볏짚에게 화를 냈다. "눈도 안 달렸어? 나를 눌러 죽일 뻔했잖아!" 당나귀는 며칠간 묵직한 곡식을 짊어져야 했던 억울함을 볏짚에게 쏟아냈다.

당나귀를 눌러 죽일 뻔한 것은 볏짚일까? 아니면 곡식일까?

사실 나를 자극하는 사람은 도화선에 불과하다. 나의 분노를 자아내는 일은 영원히 해결되지 않는다. 볏짚이 자신에게 떨어지는 것을 막을 수 있는 당나귀는 없다는 말이다. 나를 지치게 하는 진짜 원인을 찾지 않는다면 계속 폭발물의 근처를 걷는 셈이다. 나를 자극하는 것은 상대방이 아니라 사건이다. 나의 마음이 허약하면 쉽게 자극되고 순간적으로 분노한다.

분노는 말한다.

"지금 당신은 너무 지쳤어. 더 많은 자극을 견디지 못할 정도로 지쳤어."

따라서 분노할 때 상대방이 무엇을 틀렸는지 지적하고 자신이 감정을 통제하지 못한다고 자책하는 데 급급할 필요는 없다. 우선 자신의 마음을 살피고 보살펴야 한다.

'요즘 내가 너무 지친 것은 아닐까, 오랫동안 즐거움과 편안함을 누리지 못한 것은 아닐까?'

마음을 바라보고 자신을 보살피면 고군분투하던 나 자신을 발견한다. 분노 해결은 사실 자신의 고단함을 해결하는 것이다.

### 원인 2. 현재 자극이 주는 스트레스가 너무 크다

자신의 능력을 넘어서는 과제에 도전하면 당연히 좌절과 실패를 경험한다.

한 여성이 말했다. "어머니는 제게 불공평해요. 제가 아이를 낳고 몸조리할 때 아이를 봐주시긴 하셨지만 탐탁지 않아 하고 상처 주는 말씀을 많이 하셨어요. 하지만 남동생 아이를 봐줄 때는 당연히 해야 하는 일이라고 여겼죠."

내가 그녀에게 물었다.

"어머니가 어떻게 하길 바랐나요?"

그녀는 어머니가 공평하길 바란다고 했다. 하지만 어머니의 가치관을 바꾸는 것은 어려운 일이다. 이런 과제는 아무리 많은 에너지가 있어도 해결하기 쉽지 않다. 그 외에도 짧은 시간 안에 자녀의 생활 습관을 바꾸려는 부모나 자신의 능력을 강화하려는 사람들도 기대를 실현하기 어렵다. 다른 일을 아무것도 하지 않고 이 일에만 집중한다고 해도 해결하기 어려운데 자신의 에너지 중 일부만 투입하면 더욱이 해결할 수 없다.

해결하고 싶은 일일수록 더 많은 에너지를 소모해야 한다. 예를 들어 손님이 컵을 깨뜨렸다면 이렇게 말할 수 있다.

"괜찮아요, 신경 쓰지 마세요."

하지만 아이가 컵을 깨뜨리면 화를 낸다. 손님이 컵을 깨트렸을 때 그에게 '실수로 컵을 깨뜨렸다'라는 라벨을 붙이고 대수롭지 않게 여긴다. 그러면 에너지를 많이 소모하지 않고 해결할 수 있고 분노하지 않는다. 하지만 아이가 컵을 깨뜨리면 '덜렁대는 아이'라는 라벨을 붙이고 큰 문제라고 생각한다. 그러고는 아이의 성격을 바꾸고 싶은 충동이 일어나고, 순간 에너지를 다 써버려 분노 상태에 돌입한다.

분노는 말한다.

"이 일은 내가 해결하기 너무 힘들어."

분노할 때 자신에게 물어보자.

"정말 중요한 일인가? 그것을 해결하기 위해 고생할 만한가? 그럴 가치가 있다면 그 일을 중시하고 힘을 더 분배해야 하는가? 그럴 가치가 없다면 포기하고 결과를 신경 쓰지 않아도 될까?"

슬프게도 나에게 중요한 일이라고 생각하지만 에너지를 더 분배하기 싫은 일들이 있다. 더 슬픈 것은 많은 에너지를 썼지만 그것이 왜 중요한지 모르는 일도 있다는 것이다.

### 원인 3. 에너지를 소모하는 만큼 보충하지 않는다

내재적 에너지는 고정불변의 것이 아니다. 마음속 에너지는 물이 들어오고 나가면서 수량을 유지하는 저수지와 비슷하다.

누구나 매일 많은 일을 해결해야 한다. 그중 에너지를 채워 주는 일을 하면 조금 더 홀가분하고 상쾌해진다. 에너지를 다 써버리는 일은 피로감을 불러온다. 전자를 많이 하면 활기가 넘치고 행복함을 느낀다. 후자를 많이 하면 점점 허약해지고 도망가고 싶은 생각뿐이다.

같은 일이라도 매번 겪는 감정이 다를 수 있다.

예를 들어 집에 돌아온 후 게임을 하고 있는 아이를 본다면 화를 낼 것인가? 오늘 상여금을 받아서 기분이 좋았다면 분노할 확률은 낮다. 하지만 회사에서 상사에게 질책을 받은 후 돌아왔다면 분노할 확률은 더 높아진다. 상여금은 에너지를 채워 주는 일이고, 그 덕분에 게임하는 아이를 대응할 에너지가 많아졌다. 하지만 상사의 질책은 에너지를 소모하는 일이다.

또 예를 들어 남편이 소파에 누워서 게임을 하고 있다면 화를 낼 것인가? 이는 당시 내가 무엇을 하고 있는지에 달렸다. 드라마를 보고 있었다면 남편에게 더 많은 관용을 베풀 것이다. 하지만 집안일 때문에 근심하거나 밀린 회사 일을 마저 해야 한다면 게임을 하고 있는 남편에게 분노한다. 드라마 시청은 에너지를 보충해 주지만 집안일은 에너지를 소모하기 때문이다.

따라서 분노할 때 자신을 조금 더 보살피고 자신에게 물어보자.

"나는 최근 에너지를 보충해 줄 일을 하였는가? 아니면 줄곧 나를 소진하였는가?"

## 분노로 지친 나를 위로하는 자비로움

분노할 때는 자기 자비Self-compassion가 가장 필요할 때다. 분노하고 있는 나에게 물어보자.

**최근에 나를 소모한 일이 너무 많아서 지쳤는가?**

**내가 해야 하는 이 일이 나의 능력을 초과하였는가?**

**나를 바로 위로해 주지 않거나 에너지를 채워 주지 않았는가?**

이 질문들의 답을 찾으면 남에게 화내지 않고 자신을 어루만질 수 있다. 그런 후에 자신을 어떻게 사랑할지 생각해 보자.

한번은 기차를 타고 가는데 옆에 앉아 있던 한 아이가 울어 대느라 나를 방해했다. 나중에 생각해 보니 다른 승객들은 별로 신경 쓰지 않았는데 유독 나만 괴로워한 이유가 있었다. 다른 사람들은 수다를 떨거나 조용히 드라마를 시청했지만 나는 글을 쓰느라 머리를 쥐어짜고 있었다. 글을 쓸 때마다 주변 소리에 방해를 받는 것은 아니다. 많은 경우 적당한 소음이 있는 환경에서 창작을 더 잘하기도 한다. 다만 그날은 하필 글의 주제가 너무 어려워서 잘 써지지 않을 때였다.

원고를 빨리 완성해야 했지만 나는 지쳐 버렸다. 두뇌는 포화

상태가 돼서 더 이상 창작을 이어 갈 수 없었다. 그래서 펜을 내려놓고 게임이나 하기로 했다. 이어폰을 꽂아도 아이의 시끄러운 소리가 들렸지만 나에게 영향을 주지 않았고 더 이상 화가 나지 않았다.

자신에게 물어보자.

"이미 그렇게 노력하고 고생했는데 나 자신을 어떻게 위로하면 좋을까?"

자기 위로, 이것이 바로 분노를 해결하는 최고의 방법이다.

사랑하는 사람이 분노한다면 그 사람이 어떤 좌절을 겪고 있는지, 어떤 일 때문에 자신을 소모하는지 궁금하고 위로해 주고 싶다.

누군가의 약해진 마음에 관심을 주는 것은 매우 위대한 사랑이다. 누군가 나에게 분노할 때는 그 사람의 마음에 들어갈 절호의 기회다. 반대로 내가 분노하는 상대방이 나 때문에 속상해하고 나를 위로해 주며 약해진 나에게 관심을 준다면 어떤 기분이 들까?

진한 감동을 받고 친밀하고 돈독한 관계를 만들어 갈 수 있을 것이다.

## 내 안의 분노 톺아보기

**1** 현재 또 어떤 일이 당신의 에너지를 소모하나요? 그런 자신을 어떻게 바라보나요?

**2** 현재 처리해야 하는 일의 난이도는 어떤가요? 그 정도 난이도의 일을 처리해야 하는 것에 대해 어떻게 생각하나요?

**3** 최근 당신의 에너지를 채워 준 일은 무엇이었나요?

4 지금 무슨 일을 통해 에너지를 회복하고 싶나요?

....................

....................

5 당신을 분노하게 한 사람에게 말해 보세요.

- 당신이 한 행동 .................... 때문에 나는 너무 많은 소모를 했어!
- 나는 너무 지쳤어! 그러니까 나에게 협조해. 더는 .................... 은 하지 마. 더 이상 나를 .................... 자극하지 마!
- 나는 너무 지쳤어! 그러니까 어서 나에게 협조해서 .................... 을 완료해!

6 이렇게 표현하면 어떤 기분과 생각, 결심이 드나요?

....................

....................

....................

## 서로 다른 관점이 화를 부른다

분노는 다른 사람에게 하는 요구다. 화가 났을 때 상대방에게 요구하는 것은 우리 자신에게도 그런 요구를 하기 때문이다.

한 여성이 말했다. "남편에게 다 마른 옷을 걷으라고 했더니 정말 옷만 걷고 양말은 그대로 걸려 있었어요. 그걸 보니 화가 났죠. 그래서 남편에게 '그렇게 성실하지 않으니 내가 당신에게 뭘 기대하겠어!'라고 말했어요."

화가 난 이 여성은 남편에게 '성실하지 못하다'라는 라벨을 붙였다. 그녀의 분노는 말한다.

“일일이 말하지 않아도 성실하고 센스 있게 행동해야 해. 그게 내가 당신에게 하는 요구야!”

이런 요구는 큰 문제가 없어 보인다. 하지만 이 여성의 입장에 쉽게 동의해서는 안 된다. 남편도 자신이 불성실하고 센스가 없다고 생각할까? 남편은 자신의 아내가 늘 일일이 지적한다고 생각할 것이다. 각자의 관점에서 상대방을 보면 다른 답이 나온다. 모순은 차이에서 비롯되며, 그 모순을 해결하려면 2가지 방법이 필요하다.

- 남편이 아내에게 센스 있고 성실하게 일을 처리하는 법을 배운다. 빨래를 걷을 때 양말도 걷으면 두 사람 사이에 갈등은 사라진다.
- 아내가 남편의 행동에 일일이 지적하지 않는 법을 배운다. 양말을 걷지 않으면 본인이 걷으면 된다. 이러면 두 사람의 갈등은 없어진다.

이 여성은 남편이 자신의 기준에 따라 일하기를 바라는 첫 번째 전략을 선택했고 두 번째 전략은 간과했다. 그녀가 두 번째 전략을 선택하기란 어려웠을 것이다. 그녀가 자신의 세상에서 남편의 불성실한 행동을 간과하는 건 불가능하기 때문이다. 그녀의 마음 깊은 곳에는 ‘일할 때는 꼼꼼하고 성실해야 해!’라는 생각이 있다.

이것이 바로 그녀가 자신에게 설정한 한계다. 생각해 보자. 양말 걷는 문제에서도 성실함을 논하는 그녀라면 삶의 다른 문제에서도 분명 매우 진지하고 성실한 태도를 보일 것이다. 그녀는 '불성실함'을 경험해 본 적도 없고, 경험해 보고 싶지도 않다. 그래서 남편에게도 '반드시 나처럼 무슨 일을 하든 성실해야 해!'라고 요구한 것이다.

## 상대를 향한 요구는 결국 나를 향한 요구다

한 어머니가 말했다. "아이의 숙제를 지도하고 있었어요. 화를 내면 안 된다는 것을 알면서도 몇 번을 가르쳐도 아이가 따라오지 못하면 순간적으로 화가 나버려요. 그렇게 아이를 윽박질렀다가 아이에게 상처를 준 것 같아 괴로워요."

이 어머니는 아이가 아무리 가르쳐도 이해하지 못한다고 생각하고는 '멍청하다'는 라벨을 붙이고 분노했다. 이 여성의 분노는 '똑똑해야 한다'라고 요구하고 있다.

자녀의 숙제를 지도하지만 자녀는 따라오지 못한다. 이유가 뭘까? 객관적으로 문제가 너무 어려운 것 말고 주관적인 관점에서 2가지 이유가 있다.

- 아이가 너무 멍청해서 아무리 배워도 깨닫지 못한다.
- 어머니가 너무 멍청해서 제대로 가르치지 못한다.

어머니는 왜 한 가지 이유만 말했을까? 두 번째 이유에 대해서는 전혀 언급하지 않은 이유가 뭘까? 어머니는 자신의 멍청함을 인정하고 싶지 않기 때문이다. 따라서 그녀의 마음은 스스로에게 '멍청한 모습을 보여 줄 수 없어!'라고 요구하고 있음을 알 수 있다.

이것이 자신에게 설정한 한계다. 아이가 숙제를 제대로 하지 못한 결과는 누가 부담해야 할까? 어머니는 부담하고 싶지 않으니 아이가 혼자 부담할 수밖에 없다. 두 사람이 함께 잘못했지만 한 사람은 책임을 지고 싶지 않을 때 어떻게 해야 할까? 상대방에게 모든 책임을 전가해야 한다.

이 어머니가 자신의 멍청함을 인정하면 어떻게 될까? 과감하게 "내가 똑똑하지 않아서 너에게 잘 설명해 주지 못했어."라고 말할 것이다. 그러면 아이가 잘 이해하지 못해도 별로 화가 나지 않는다. 이는 중고등학생 시절에는 숙제를 잘하지 못해도 부모들은 화가 나지 않지만, 초등학생 시절 숙제를 잘못하면 부모들이 화를 내는 이유다. 자신이 감당할 수 있는 수준의 수학이기 때문이다. 요컨대 타인에게 요구하는 내용은 동시에 자기 자신에게 하는 요구이기도 하다.

## 요구와 실행은 다르다

요구는 내재적인 과정이다. 어떤 사람들은 '그가 나에게 이런 요구를 하지만 자신에게 그렇게 요구하는 것은 본 적이 없어. 그는 나에게 엄격하지만 자신에게는 엄격하지 않아. 그는 항상 나에게 설거지를 한 뒤 주변을 정리하라고 하면서 왜 자신은 하지 않을까. 이중 잣대가 분명해.'라고 생각한다.

이중 잣대는 표면적인 현상이다. 그 배후에는 2가지 이유가 있다. 첫째, 요구한 것이 사실이 아니라 '라벨'이다.

누군가 나에게 설거지를 한 뒤 주변을 정리하라고 요구하지만 정작 자신은 한 적이 없다면 그가 나에게 분노할 때의 라벨은 '할 일을 해야 한다'일 것이다. 그렇다면 그가 자신에게 한 요구는 '설거지 후 뒷정리'라는 단 하나의 일이 아니라 '주어진 일은 야무지게 해야 한다'라는 것이다.

둘째, 요구와 실행을 혼동했다. 아무것도 하지 않고 빈둥거리는 사람이 내게 진취적이지 않다고 비난하면 아무것도 하지 않는 그의 모습은 단지 겉모습일 뿐일지도 모른다. 그 역시 진취적이고 성실히 살아야 한다고 생각할 것이다. 하지만 실행에 옮기지 못할 뿐이다. 그래서 그는 상대방이 아무것도 하지 않는 모습을 보면 자신의 일처럼 화를 낸다. 그에게 실행하지 못한 강한 좌절감과 실패감이 내재했기 때문이다. 그는 줄곧 자신에게 '성공'을 요구했지만 이루지 못했고, 이것이 그의 마음속 좌절감과 실패감이 활성화해 분노를 일으켰다.

겉모습만 보면 상대방이 자신에게 어떤 요구를 했는지 보이지 않는다. 그를 깊이 이해해야 그의 마음이 자신에게 어떤 요구를 하는지 알 수 있다.

## 나에 대한 요구를 먼저 해결하라

다른 사람에게 분노할 때 상대방이 나처럼 똑같은 자기 요구가 있길 바란다. 이는 경계를 허무는 행위다. 분노 자체가 경계를 보호한다고 말하는 사람도 있지만 사실 분노는 경계를 망가트린다. 자신의 경계는 보호했지만, 동시에 타인의 경계는 침범했다.

분노했을 때 특정한 누군가에게 요구를 충족시키라고 할 수 있지만 모든 사람에게 언제나 요구를 충족시키라고 할 수 없다.

언젠가는 나의 요구와 현실이 함께 공존해야 한다는 사실을 배워야 한다. 이보다 자신에 대한 요구를 먼저 해결하는 것이 더 중요하다.

분노는 기회다. 다른 사람에게 하는 요구를 보며 내가 평소 나에게 어떤 요구를 하는지 깨달을 수 있다. 그리고 자기 요구를 해결하는 법을 배우면 다른 사람의 요구를 해결하는 법을 자연스레 배운다. 따라서 분노할 때 먼저 자신에게 질문하자.

**그에게 무엇을 요구하는가?**

**자신에 대한 요구를 상대방에게 요구하는가?**

**타인에게 가혹한 요구를 할 때 나에게도 이렇게 가혹한 요구를 한 적이 있는가?**

자신에 대한 요구를 해결하는 법을 배우는 과정이 바로 자기 배려의 과정이다.

쉽게 분노하는 사람은 자신에게 매우 모질다. 그런 사람을 안쓰럽게 여기고, 그가 자신에 대한 압박과 강요를 발견하도록 도와주자.

## 내 안의 분노 톺아보기

**1** 분노한 경험을 적어 보세요. 당신의 라벨에 따라 상대방에게 요구했던 일을 적어 보세요.

- 상대방에게 하는 요구: 당신은 ........................................ 해야 한다.

이 말을 다음과 같이 바꿔 보세요.

- 내가 나에게 하는 요구: 나는 ........................................ 해야 한다.

**2** 이것을 실천하기 위해 어떤 행동을 했는지 생각해 보세요.

..........................................................................................

..........................................................................................

**3** 다음의 문장을 완성하고 큰 소리로 읽어 보세요.

- 나에 대한 요구는 ........................................ 야.
- 당신도 나처럼 자신에게 .................... 라고 요구해야 해.

**4** 자신의 이 요구를 어떻게 해결하고 자신을 위로하고 싶나요?

..........................................................................................

..........................................................................................

# 포기를 위한 적절한 황금 비율

한 여성이 말했다. "제 아이는 저랑 떨어지는 것을 매우 싫어해요. 제가 외출하려고 하면 아이는 엉엉 울면서 저를 못 나가게 하지요. 그럴 때마다 이해받지 못하고 자유를 빼앗긴 것 같아 미칠 것 같아요."

이 여성이 화가 난 이유는 아이에게 '너무 제멋대로 행동한다' 라는 라벨을 붙였기 때문이다.

나는 그녀에게 말했다.

"아이를 두고 그냥 나가면 되지 않나요. 설마 아이가 당신보다 힘이 센가요? 아이가 당신을 막을 수 있어요?"

그녀가 말했다.

"그럼 저도 너무 제멋대로 행동하는 것이잖아요"

그녀는 자신에게 '너무 제멋대로 행동하면 안 된다'라고 요구하고 있었던 것이다.

내가 계속 물었다.

"마음대로 행동한 적이 있나요?"

그녀는 자주 마음대로 행동한다고 했다. 내가 또 물었다.

"그럴 때 어떤 기분인가요?"

그녀가 대답했다.

"자책하게 돼요."

그녀는 지금까지 마음대로 행동하라고 자신을 놓아준 적이 없었다. 자신에게 '어떤 경우에도, 무슨 일이 있어도 마음대로 행동하면 안 돼'라고 요구하고 있었던 것이다.



## 행동의 근원은 마음의 허락이다

자신이 어떤 행위를 해도 된다고 허락했는지 판단할 때 마음이 허락했는지 살펴봐야 한다. 행동했다고 해도 마음이 거부하고 발버둥 친다면 자신을 허락한 적이 없다는 뜻이다.

이 여성은 자기 요구를 낮춰야 한다. 자신에 대한 요구를 낮추는 것은 100점을 해내야 한다는 요구를 멈추는 것부터 시작한다. 아이가 고집을 열 번 부렸을 때 아홉 번은 참아주고 한 번은 양보하지 않았다면 자기에 대한 요구를 낮췄다는 뜻이다.

자신을 놓아주는 것, 자기 요구를 실천하지 않은 그 한 번부터 시작한다.

사실 열 번의 행동 중 단 한 번의 방종을 허락한다는 것도 매우 가혹하다.

수학에서 선을 두 부분으로 나누었을 때 짧은 부분과 긴 부분의 길이 비율이 긴 부분과 전체 길이의 비율과 같다면 이 비율을 '황금 비율'이라고 한다. 황금 비율은 건축, 설계, 음악, 미술, 일상생활에서 광범위하게 응용된다. 황금 비율을 기반으로 한 설계는 매우 조화롭고 편안하기 때문이다.

무리수인 황금 비율의 소수점 뒷자리 3개는 0.618로 약 60%에 가깝다. 이는 어렸을 때부터 흔하게 접한 숫자다. 바로 합격의 숫자이기 때문이다. 영국 심리학자 도널드 위니컷이 이 숫자에서 영감을 얻어 '60점 엄마'라는 개념을 제시했는지도 모르겠다. 그가 말했다.

**"60점짜리 엄마면 충분히 좋은 엄마다. 100점짜리 엄마가 되기 위해 노력할 필요는 없다. 100점은 완벽이 아니라 상처다."**

100점 엄마는 아이의 성장 가능성을 빼앗는다. 100점에서 40점이 부족한 '나쁜 엄마'가 되면 아이는 오히려 독립성, 다른 사람과 함께 지내는 법, 타인에게 적응하는 법, 사회에 적응하는 법을 배운다. 엄마가 아이에게 너무 많은 사랑을 준다면 아이의 독립성을 빼앗는다. 엄마가 아이에게 사랑을 적게 준다면 아이는 곤경에 처했을 때 상처를 입는다. 사랑을 주지 않은 이 40점은 '매우 적절한 좌절'이라고도 불린다. 황금 비율인 0.618:1은 삶을 아름답게 하는 비율이다.

예를 들어 고집을 부릴 때 38.2%의 고집과 61.8%의 순종은 '황금 고집 비율'이다. 이것이야말로 지속 가능하고 인정에 걸맞은 처세법이다.

## 포기해도 되는 2가지 경우

물론 감정이나 행동을 기계적으로 계산하고 발산한다면 약간 무서울 수도 있다. 61.8%라는 숫자를 어떻게 계산하고 감정에 대입하며 어떻게 통제해야 할까? 이는 누가 결정하고 점검할까? 체중을 잴 때는 계량화된 기준이 있지만 사람의 행동은 어떻게 기준을 둬야 할까?

사실 61.8%는 이상적인 수치이지 기계적으로 정확하게 추구하라는 것은 아니다. 이 비율에 따라 고의로 고집을 부리거나 책임을 질 필요는 없고, 다음 2가지 경우에 자신을 용인하면 된다.

- 하지 못했을 때
- 버텨 보았지만 더 이상 버티고 싶지 않을 때

우리는 몸이 주는 신호를 믿어야 한다. 우리의 몸은 언제 할 수 없는지, 할 수 있지만 너무 지쳐서 하고 싶지 않을 때는 언제인지 알려 준다.

인내와 버티기가 모든 경우에 의미가 있는 것은 아니다. 임무의 난도가 한계치를 넘어서면 지금 포기할지 다음에 포기할지에 관한 선택만 남는다. 버티기가 반드시 긍정적인 가치만 낳는 것은 아니다. 오히려 괴로움만 동반할 수 있다.

지쳤을 때는 포기하기 가장 좋은 기회다. 또 자신을 용인하기 가장 좋은 시기다. 하지 못할 때, 그리고 버티고 싶지 않을 때가 바로 38.2%를 보여 줄 기회다.

## 버리면 더 많은 것을 볼 수 있다

요구를 낮춘다는 것은 자기 능력의 한계와 자기 의지의 한계를 존중한다는 뜻이다. 따라서 자기 요구를 낮추는 것의 본질은 자기 존중이다. 자신이 무소불위의 신이 아니라 한계가 있는 사람임을 존중하는 것이다. 자신이 요구에 통제되는 사람이 아니라 독립적이고 자유로운 사람임을 존중하는 것이다. 하지만 자기 요구를 낮추면 자신의 규칙이 깨지는 원치 않는 결과가 생긴다. 이는 자기 요구를 낮추기 어려운 이유이기도 하다. 마음에 '스승의 말씀을 배반'하는 것 같은 두려움이 몰려온다. 금기를 깨고 벌을 기다리는 제자처럼 말이다.

이때 배워야 하는 것은 자립이다. 마음속 오래된 '계율'을 정리하고 자신만의 새로운 규칙을 세워야 한다. 즉, 자신을 바꿔 규칙에 적응하는 것이 아니라 마음속 규칙을 바꿔 나에게 적응시켜야 한다.

나는 이 이치를 깨닫기 전까지 '열심히 공부해서 매일 성장해야 한다'라는 규칙에 20여 년 동안 지배됐다.

이 '매일'이라는 '계율' 때문에 나는 1년 내내 공부해야 한다는 압박에 시달렸다. 그래야 매일 성장할 수 있을 것만 같았다. 심지어 연애도 시간 낭비라고 여겼다. 연인과 데이트하면 나의 규칙을 위반하고 성장하지 못하는 것 같아 저녁에는 벽을 바라보며 후회했다.

나중에 나의 '스승'을 배신하고 나의 규칙을 지배하고 '열심히 공부하고 가끔 성장하자'라는 규칙으로 바꿨다. 그제야 나는 자유를 느꼈다. 나의 인생은 더 이상 영원히 증가하는 함수가 아니었다. 언제나 에너지가 가득하고, 성장하고 싶을 때 성장했고, 피곤하고 지치면 평범해도 상관없다고 생각했다. 심지어 아무것도 하지 않고 시간을 보내고 싶을 때는 그대로 멈춰 있어도 상관없다고 여겼다.

유연하게 규칙을 조정하니 진짜 자유를 얻었다.

게다가 자유로워진 후 오히려 더 좋은 효과를 낳았다. 가끔 성장하면 매일 성장하는 것보다 효율이 더 좋았고 더 큰 가치를 창출했다. 유연함의 뜻은 규칙을 준수하지 않아도 된다는 것이 아니라 상황에 따라 선택할 수 있다는 것이었다. 규칙은 현실을 고려하지 않으면서까지 반드시 준수해야 하는 것이 아니었다.

그렇게 자신에 대한 요구를 낮추고 휴식을 얻으니 에너지를 되찾고 감당 능력도 강해져서 마음이 더 편안해졌다.

# 내 안의 분노 톺아보기

**1** 분노했을 때 상대방에게 제시한 요구가 무엇이었는지 생각해 보세요. 또 그 요구에 따라 자신에게 어떤 요구를 했는지 생각해 보세요.

**2** 자신에게 한 요구를 바탕으로 어떤 행동을 했나요?

**3** 자기 요구를 유지하는 과정에서 어떤 기분이 들었나요?

# 못난 그림자 인격도 역시 나의 모습이다

자기 요구가 높으면 '힘들다'는 단점이 있다. 그럼에도 사람들은 자기 요구를 통해 얻는 장점이 더 크기 때문에 기꺼이 자기 요구의 수준을 높인다.

자기 요구의 장점은 자신의 어두운 그림자 인격을 밀어내고 밝은 인격만 남길 수 있다는 것이다.

'그림자'는 심리학자 칼 구스타브 융Carl Gustav Jung이 제시한 개념으로, 우리가 받아들일 수 없는 자신, 좋아하지 않는 자신을 의미한다. 이와 대응되는 '페르소나'는 우리가 원하는 자신이다.

사람들은 빛과 그림자처럼 양면적인 특징을 다 가지고 있다. 누구나 선량함과 사악함, 이타심과 이기심, 진취성과 나태함, 용감함과 두려움을 동시에 지닌다. 그리고 여러 상황과 사람들 앞에서 다양한 성격을 드러낸다. 그런데 대부분 자신의 그림자를 내보이려 하지 않는다. 그뿐만 아니라 자신조차도 자신의 그림자를 외면하려 한다. 이때 사람들은 자기 요구를 하게 된다.

스스로 타인에게 친절하라고 요구하지만 자신이 냉정한 사람임을 알고 있다. 타인에게 폐를 끼치지 말라고 요구하지만 자신이 이기적인 사람임을 알고 있다. 또 타인을 쉽게 부정하면 안 된다고 요구하지만 자신이 남을 자주 원망하는 사람임을 알고 있다. 따라서 자기 요구의 뜻은 이렇다.

**나는 ______인 나를 받아들이지 않아!**
**나는 ______인 나를 좋아하지 않아!**
**내가 이렇게 노력하며 자기 요구를 하는 것은 내가 ____처럼 보이지 않기 위해서야.**

## 나보다 더 사랑스러운 이상적인 '나'

사람들은 진정한 자신보다 이상적인 자신을 더 사랑한다. 이것이 다른 사람에게 전가되면 분노로 변한다.

"나는 당신의 진짜 모습이 싫어! 당신의 진짜 모습을 받아들이지 못하겠어! 당신의 진짜 모습보다 이상적인 당신이 더 좋아!"

'페르소나'는 스스로 설정하고 대외적으로 유지하고 싶은 이미지다.

스타들은 착한 남자, 강인한 여성 등 자신만의 이미지를 만들어 포장하고 이를 홍보한다. 하지만 이미지에 부합하지 않는 행동을 하면 기존에 쌓아 올린 이미지가 무너지면서 팬들의 사랑이 식는다. 그래서 그들은 자신의 이미지를 유지하기 위해 각별히 신경 쓴다.

마찬가지로 우리와 같이 평범한 사람들도 자기 요구를 통해 좋은 이미지를 유지한다. 비록 힘들고 고되지만 이미지를 쉽게 포기하지 않는다.

힘들게 버티며 끊임없이 자기 요구를 하는 것 말고 또 뭘 할 수 있을까? 똑똑한 잠재의식은 이 문제를 해결할 방법을 알고 있다. 바로 '분노'를 이용하는 것이다.

## 강대한 마음으로 타인의 지적을 받아내라

분노의 장점 중 하나는 나의 그림자를 지적하는 타인을 저지할 수 있다는 것이다. 타인의 평가에 민감한 사람은 자신이 어떤 사람인지 평가받을 때 최선을 다해 반박하거나 해명한다.

한 여성이 말했다. "저는 아이가 2명이에요. 아이들을 챙기다 보면 예정 시간에 외출하기 어려운데 남편은 도와주지도 않고 팔짱을 낀 채 쳐다보면서 제가 느리다고 지적해요. 처음에는 해명하다가 나중에 말다툼이 일어나죠. 남편은 제가 미쳐 날뛰어야 입을 다물어요."

'느리다'는 이 여성의 그림자 인격이다. 남편이 그녀에게 '느리다'고 지적하자 그녀는 '나는 두 아이를 챙긴다'고 해명하여 남편의 입을 다물게 하고 자신의 그림자를 배격한다. 그녀는 자신이 느리다는 것을 받아들일 수 없었던 것이다.

하지만 자신의 그림자 인격을 받아들이면 어떻게 될까? "맞아, 나는 행동이 느려."라고 시원스럽게 인정한다. 엄마에게 느린 행동은 부끄러운 일이 아니라 고생스럽게 아이를 챙기기에 가능한 권리다. 그녀가 느린 데는 이유가 있고, 나쁜 이유도 아니라면 다른 사람이 지적하거나 비난해도 화낼 필요가 없다. 스스로 자신이 느리지 않다고 생각하면, 또는 느려도 괜찮다고 생각하면 상대방이 무슨 말을 하든 무슨 관계가 있을까? 굳이 그렇게 자신에 대한 평가를 배격할 필요가 있을까?

한 남성은 이렇게 말했다. "우리 회사의 고과는 팀 단위로 받습니다. 한 사람의 실수가 서로에게 영향을 줄 수 있죠. 그런데 동료가 제 잘못을 자주 지적합니다. 가끔 제가 맞다고 생각하는 것을 지적하는데 기분이 나쁘지만 참고 고쳐 보려 합니다. 하지만 고과에 상관없는 일까지 지적을 하면 화가 나요."

이 남성의 그림자 인격은 '실수'다. 그는 실수하는 자신을 받아들일 수 없다. 그래서 동료가 실수를 지적하면 매우 민감해지고 동료의 표현을 제지하고 싶은 마음이 간절하다. 만약 그가 실수할 수 있다고 자신을 받아들인다면 "맞아, 나의 이 부분이 정말 잘못됐네. 알려 줘서 고마워."라고 말하든가 "나의 이 부분을 굳이 고칠 필요는 없는 것 같아."라고 말할 수 있다.

사람의 잠재의식은 '나의 문제를 지적하는 타인을 제지하면 그 문제는 존재하지 않을 거야'라고 여긴다. 사실 이는 눈 가리고 아웅이다. 우리는 살아가는 동안 다양한 평가와 마주한다. 그런데 어떤 부분은 받아들이지 못하고 분노로 다른 사람의 표현을 저지하고자 하고, 그 과정에서 많은 에너지를 소모한다.

자신을 받아들일 수 있는 사람의 마음은 강대하다. 그런 사람은 자신의 어떠한 모습도 사랑하기 때문에 타인의 평가를 배척하지 않는다. 이들은 상대방이 맞다고 생각하면 과감히 인정하고 상대방이 틀렸다고 생각해도 변명을 늘어놓지 않는다. 상대방의 관점을 중시하기 때문이다.

## 분노는 상대방을 도구로 삼는다

다른 사람에게 분노하면 나와 똑같이 행동하라고 강요할 수 있다. 이러면 엉망인 자신을 마주하지 않아도 되고 지치지도 않는다.

자녀를 돌볼 에너지가 남지 않은 어머니는 아이에게 신경을 쓰지 않으면 무책임하고 나쁜 엄마가 될 것 같다. 어떻게 하면 될까?

해결 방법은 2가지다.

- 아이에게 분노한다. 아이가 자기 일을 스스로 하면 엄마는 지치지 않는다.
- 남편에게 분노한다. 남편이 아이를 돌보면 지쳐서 아이를 돌보지 않는 나쁜 엄마가 될까 봐 걱정하지 않아도 된다.

내가 하고 싶은 일을 다른 사람에게 시키면 에너지를 아끼고 자신의 이미지를 유지할 수 있다.

한 여성이 말했다. "아버지가 입원하셔서 병원에서 밤을 지새우며 간병해야 했어요. 그래서 남편과 교대로 아이를 돌보기로 했죠. 그런데 남편은 집에서 아이를 전혀 신경 쓰지 않았고 그것 때문에 화가 많이 났어요. 남편이 너무 이기적이고 무책임하다는 생각이 들었거든요."

이 여성은 병원에서 밤새 간병하지 않는다면 아픈 아버지를 돌보지 않아 죄책감이 생긴다. 하지만 아이를 제대로 돌보지 않으면 부모로서 이기적이고 무책임하다. 이 갈등을 어떻게 해결해야 할까?

그녀의 잠재의식은 이렇게 말한다.

'남편이 이기적이지 않다면 아이를 잘 돌볼 테니 나는 아버지를 안심하고 간병할 수 있어. 아이에게도 미안한 마음이 들지 않을 거야.'

하지만 남편은 그녀만큼 헌신적이고 책임감이 있는 사람이 아니었다. 남편은 아이가 집에서 혼자서 잘 지낸다고 여겼다. 결국 그녀는 이렇게 분노하게 된다.

**'나의 첫 번째 규칙은 이기적이면 안 된다는 거야! 내 말 들어!'**

분노의 본질도 이렇게 말한다.

**'나는 이미지를 유지하느라 지쳤지만 그래도 유지해야 해. 그러니까 당신이 나의 요구에 따라 나와 같은 일을 해야 해. 나의 일을 분담해야 내가 지치지 않아.'**

분노는 말한다.

**'어서 나를 도와줘! 일을 잘 마무리해서 나의 이미지를 유지해야 해!'**

상대방에게 분노함으로써 상대방이 내가 원하는 일을 하도록 압박하는 것이다. 이때 상대방은 나의 도구가 되어 나를 대신해 일하고 나의 염원을 실현한다.

분노는 상대방을 도구로 삼는다. 상대방이 반려자, 부모, 자녀 등 가족일지라도 나의 이미지를 유지하는 도구가 된다.

사람은 다른 동물이나 식물처럼 더 많은 자원을 차지하고 원하는 바를 실현하고 욕구를 충족하고자 하는 속성을 지닌다. 이것이 바로 우리가 상대방에게 자아가 있는 것을 허락하지 않는 이유다. 상대방에게 자아가 있다면 다른 믿음이 있다는 뜻이고,

서로의 규칙이 충돌하면 나를 돕지 않을 수도 있기 때문이다.

이는 우선 나의 상황이나 여건을 유리하게 만들어야 한다는 생존 본능에 부합한다. 잠재의식이 원하는 이미지를 유지해야 다른 사람을 위해 무언가를 할 수 있다. 따라서 분노할 때 상대에게 많은 것을 요구한다.

내가 당신을 비방하고 폭력적인 모습을 보여도 나의 기분이 좋아질 때까지 받아들여야 해.
내가 엉망진창이라고 말하지 마.
당신은 나쁜 사람이고 나는 좋은 사람이라고 인정해.
당신도 스스로에게 나와 같은 요구를 해야 해, 당신이 내 일을 해서 나의 부담을 줄여 주어 좋은 사람이라는 나의 이미지를 유지시켜야 해.

이런 것들은 그림자 인격을 회피하고 밝은 이미지를 유지하는 방법이다. 분노를 이용해 이렇게 많은 목적을 실현할 수 있다니 사람의 위대함에 감탄하지 않을 수 없다. 하지만 그림자 인격을 배척하는 과정에서 '이상적인 이미지를 실현했다'는 우월감을 체험하지만 이는 커다란 대가를 가져온다.

**대가 1. 좌절과 실패**

밝은 이미지를 유지하고 싶다면 에너지를 많이 소비해서 자신의 또 다른 부분을 밀어내야 한다. 이는 왼팔로 오른팔을 잘라내는 것과 마찬가지다. 하지만 결국 아픈 사람은 자기 자신이다. 아무리 그림자 인격을 미워해도 결국 그 역시 나의 일부다. 격렬하게 배척할수록 그림자 인격은 더 꼭 달라붙어 결국 나의 결점을 깨닫고 좌절하게 한다.

**대가 2. 존재감 상실**

어두운 면을 배척하는 것은 분열의 방어기제다. 나의 반을 포기하면 나는 완전하지 않다. 또 삶에서 그림자 없이 햇살만 있다면 햇살이 가져다주는 의미에 감동할 수 없고 오히려 더 많은 공허함을 느낀다.

**대가 3. 관계 파괴**

두 사람의 관계에서 어두운 면을 감당하는 사람이 있다. 내가 감당하지 않으면 상대방이 그만큼 어두운 면을 감당해야 한다. 하지만 자신이 망가지길 바라는 사람은 없다. 결국 시간이 지나면 어두움만 담당했던 상대방은 나를 떠나게 된다.

삶의 모든 면이 다 좋아 보이는 사람들이 있다. 적극적이고, 밝고 긍정적인 에너지가 넘치는 이들은 즐기기만 할 뿐 다른 사람들과 깊은 교류는 원하지 않는다. 이들은 평범하거나 엉망인 또는 다른 사람보다 못한 자신의 그림자 인격을 배격하기 때문이다. 이들은 자신의 고민과 단점, 그리고 다른 사람의 훌륭한 점도 논하지 않는다. 자신보다 훌륭한 사람과 함께하면 자신의 단점이 부각되기 때문에 자신의 그림자 인격을 감당하려 하지 않는다.

지금까지 자신의 잘못을 인정하지 않았다면 상대방이 잘못을 인정해야 한다. 자신의 이기심을 인정하지 않았다면 상대방이 이기적이라고 인정해야 한다. 자신이 향상심이 뛰어난 사람이라고 생각하면 상대방에게 향상심이 부족하다는 걸 인정하라고 압박한다. 이 상황이 계속되면 상대방은 나쁜 경험을 한다.

## 그림자 인격을 사랑해야 진정한 love myself!

분노는 기회다. 분노를 통해 좋아하지 않는 자신을 만날 수 있다. 그것을 찾은 후 스스로에게 물어보자.

**정말로 나 자신이 싫은가?**

**나의 그림자 인격은 정말 그렇게 나쁜가?**

**그림자 인격을 감추고 피하기 위해 어떤 대가를 치렀는가?**

**훌륭해 보이는 당신은 정말 기쁘게 살고 있는가?**

**이것이 당신이 원하는 것인가?**

그림자 인격도 나의 진실하고 중요한 일부다. 이를 받아들일 때 자신을 아끼고 사랑하는 법을 배울 수 있다.

# 5장

# 분노는 감정의 연결이다

# 내가 즐겁지 않으니 당신도 즐거우면 안 돼

분노했을 때 상대방이 어떻게 해야 나의 분노가 사그라들까?

내가 분노하면 상대방이 행동을 바꿨으면 좋겠다. 그리고 상대가 내가 원하는 대로 행동을 바꾸면 분노가 가라앉을 것이라 여긴다. 그래서 분노를 이용해 상대방의 행위를 통제하고자 한다. 하지만 실질적으로는 그렇지 않다. 많은 경우 상대방의 행동이 바뀌어도 나는 여전히 분노한다.

예를 들어 친구를 초대하기 위해 주방에서 푸짐한 식사를 준비하고 있다. 그런데 남편이 거실에서 텔레비전만 보고 있다면 화가 올라오기 시작한다. 그래서 남편에게 왜 청소 등을 도와주지 않냐고 비난한다. 마침 기분이 좋은 남편은 "알겠어. 당신을 위해서 청소해야지."라고 말하고 청소를 시작한다.

남편이 내 말을 듣고 행동에 변화를 주었지만 그래서 나의 화가 사라졌을까? 그렇지 않다. 아마 남편에게 이렇게 말할 것이다.

"나를 위해 청소한다는 게 무슨 뜻이야! 원래 내 일인데 도와준다는 거야?"

남편의 행동뿐 아니라 그의 생각까지 바꾸고 싶은 것이다. 남편에게 '집안일은 나 혼자가 아닌 우리 모두의 일이다'라는 가치관을 요구하며 남편의 생각까지 통제한다.

이 시도가 성공했다면 남편은 생각을 바꾸고 집안일이 우리 모두의 책임이라고 생각한다. 그런데 오늘 남편의 기분이 유난히 좋고 효율도 뛰어나 10분 만에 청소를 끝냈고 테이블까지 정돈했다. 일을 마친 남편은 또다시 텔레비전을 본다.

남편은 행동을 바꿨고 생각도 변했다. 다만 그는 가뿐히 일을 끝냈고 나는 여전히 주방에서 바쁘게 움직인다. 이때 남편에게 만족할 수 있을까? 아마도 속이 답답할 것이다. 쉬고 있는 남편을 보며 남편이 능동적으로 일을 찾아서 하지 않고 나의 고생을 이해하지 못한다고 생각한다. 남편이 나와 똑같이 바쁘고 피곤하고 좌절을 느껴야 만족스럽고 나의 분노를 접을 수 있다. 이때 내가 바꾸고 싶은 것은 그의 감정이다.

분노할 때 상대방의 행위와 생각을 통제하고 싶을 뿐 아니라 감정적인 통제까지 원한다. 상대방이 나와 똑같이 에너지를 소모하길 바란다. 즉, 상대방이 자신보다 즐거운 것을 용납할 수 없는 것이다.

## '행복 불수용 증후군'으로 인한 분노

비슷한 상황이 또 있다. 어느 날 지치고 심란한 마음으로 퇴근을 했는데 아이는 신나게 텔레비전을 보고 있다. 이때 어떤 기분이 들까? 나는 차가운 말투로 아이에게 묻는다.

"숙제 다 했어?"

아이가 의기양양하게 "진작 다 했어요!"라고 말한다면 또 어떤 기분일까? 스스로 숙제를 끝낸 아이의 자발적인 태도를 칭찬할까? 아니다. 또 다른 질문을 던질 것이다.

"피아노는 연습했어?"

아이가 연습했다고 대답하면 화제를 바꾼다.

"바닥이 이렇게 지저분한데 왜 정리하지 않는 거야! 어른들은 매일 정신없이 일하고 지친 몸으로 돌아오는데, 알아서 정리 정돈할 수 없어?"

아이가 속상한 마음으로 텔레비전 전원을 끄고 정리 정돈을 하기 시작하자 그제야 만족스럽다. 여기에서의 중점은 아이가 자신의 행동을 반성하며 풀이 죽는 것이다. 만약 아이가 매우 즐겁게 휘파람을 불며 정리 정돈을 한다면, 지금 나의 화는 사라지지 않는다.

집안일을 하는 사람은 텔레비전을 보는 사람이 불편하다. 텔레비전을 보는 사람은 즐겁고, 집안일을 하는 사람은 고생스럽기 때문이다. 이때 집안일 하는 사람은 상대방의 즐거움이 사라질 때까지 잔소리를 한다. 여기에서의 중점은 '상대방이 즐거우면 안 된다'는 것이다. 만약 상대방이 즐거운 마음을 유지한다면 나의 짜증과 화는 사라지지 않는다.

다른 사람이 나보다 더 잘살고 내 앞에서 의기양양한 모습을 보이면 매우 불편하고 상대방을 폄하할 이유를 찾는다.

**'도대체 뭐가 대단하다고 저렇게 자신이 넘치는 거야!'**

이 과정을 '질투'라고 부른다. 행동 측면에서 질투는 나보다 훌륭한 모습을 지닌 다른 사람을 두고 볼 수 없다. 이런 경우 몰래 방해를 하거나 수작을 부려 상대방을 곤란에 빠트리기도 한다. 감정적 측면에서 질투는 나보다 즐거운 사람을 마냥 두고 보지 못한다. 이때 지적이나 분노를 통해 상대방의 즐거운 감정을 없애고 나와 똑같이 불쾌하게 만든다.

나는 이 과정을 '타인의 행복 불수용 증후군'이라고 부른다.

## 나와 상대의 심리적 균형

동료, 이웃, 친구 등 다른 사람의 행복한 모습을 마냥 기쁘게 받아들이지 못하는 것은 아주 흔한 현상이다. 우리는 알게 모르게 경쟁 관계인 그들이 자신보다 조금 덜 잘 지내길 바란다.

만약 주위 누군가 자신보다 더 행복하고 즐거워 보인다면 마음속에는 슬그머니 분노가 치민다. 이때 분노는 '지금 나는 즐겁지 않아! 그러니까 당신도 즐거우면 안 돼!'라는 의미를 가진다. 사악하게 들릴 수도 있겠다. 그런 자신을 받아들이기 어렵겠지만 잠재의식은 '합리화'라는 방어기제를 이용해 '다 너를 위해서야!'라며 위장한다.

그러므로 자신이 즐겁지 않을 때 잠재의식은 상대방도 즐겁지 않길 바란다. 그 목적은 '내가 즐겁지 않으니 당신도 즐거우면 안 된다'라는 심리적 균형을 위해서다.

상대방의 빈곤한 현실을 이해하면서도 그에게 더 성장하기 위해 바쁜 생활을 경험하라고 요구한다. 나와 같아질 때까지 '나는 아직 부족해'라는 느낌을 계속 체험하라는 것이다. 상대방이 부유해진 후에 성장에 힘쓰지 않는다면 그에게 또 언젠가는 위태로운 시기가 올 거라며 자신과 같이 불안한 감정으로 만들어야 만족한다.

분노할 때 상대방이 무엇을 했는지는 중요하지 않다. 중요한 것은 그가 즐거운가 아닌가이다. 상대방이 나처럼 즐겁지 않아야 '역시 나 혼자 비참한 건 아니군.'이라고 생각하며 심리적 균형을 찾는다.

## 분노는 상대의 감정을 통제한다

분노를 이용해 상대방을 공격할 때 상대방의 감정은 나와 똑같이 억압되어야 한다. 상대방이 초라함, 억울함, 놀라움의 감정을 가지면 안 된다. 만약 상대방이 초라하고 억울하며 굴복한 모습을 마음 편히 드러내면 나의 분노는 멈추지 않는다. 나는 이렇게나 지치고 억울해도 묵묵히 참고 있었는데 어떻게 상대방이 먼저 표현할 수 있을까? 상대방은 억울했어도 그 감정을 누른 채 자신을 억압했어야 한다!

감정적 쾌적도는 얼마나 순조롭고 막힘이 없는지에 달려 있다. 감정에 솔직할수록 감정 흐름도가 좋아지고 감정적 쾌적도도 높아진다. 반대로 감정을 이야기할 수 없고 해결하거나 드러낼 수 없을수록 쾌적도는 낮아진다.

불안, 억울함, 속상함, 자괴감 등 부정적인 감정이 생긴다고 해도 자신의 감정을 솔직하게 마주하고 인정하고 표현할 수 있다면 그것은 유쾌한 일이다. 분노 감정을 솔직하게 드러내면 속이 후련한 유쾌함을 느낄 수 있다. 따라서 분노할 때 상대방을 향한 요구는 이렇다.

'당신의 감정을 참아! 마음대로 기뻐하지 말고, 마음대로 슬퍼하지 마. 감정을 편안하게 드러내지 마!'

## 내 안의 분노 톺아보기

1 분노했던 순간 기분 나빴던 이유를 찾아보세요. 분노를 일으킨 일 외에 다른 이유가 있나요?

2 지금 상대방이 하고 있는 일이 어떻게 그를 유쾌하게 하나요?

3 두 사람의 기분이 어떻게 다른지 생각해 보세요. 이에 대해 어떤 생각이 드나요?

## 분노 안의 수많은 감정을 보듬어라

분노는 언짢음이지만 언짢음이라는 하나의 감정만 있는 것은 아니다. 분노는 사실 좌절감, 억울함, 무력감, 두려움, 고독감, 불안 등 여러 감정으로 덮여 있다.

예를 들어 유난히 울적한 기분으로 퇴근한 어느 날, 아이는 큰 소리로 웃으며 텔레비전을 보고 있다. 이 상황을 접했을 때 첫 번째 반응은 분노다.

"왜 또 텔레비전을 보는 거야!"

하지만 이 상황에서 느낄 감정을 곰곰이 생각해 보자. 분노 속에 또 어떤 감정이 있을까?

## 분노에 숨겨진 수만 가지 감정

분노의 배후에는 여러 감정이 숨겨져 있다. 위 사연의 경우 부모는 아마 좌절감을 느꼈을 것이다. 회사 일이 뜻대로 되지 않았고 퇴근 후 집에 오니 아이도 내 마음 같지 않다. 순간 '나는 되는 일이 하나도 없다.'는 생각이 들어 인생이 실패한 것 같고 스트레스가 밀려오며 모든 것이 마음에 들지 않는다. 하지만 그런 좌절감을 삭일 수 없을 뿐 아니라 다른 사람에게 심한 좌절감을 느끼고 있다고 말할 수도 없다. 그럴 때면 분노라는 방식으로 표현할 수밖에 없다.

자신이 처량하게 느껴지기도 한다. 회사에서 사람들은 냉랭하고 경쟁이 치열하다. 아무도 나의 감정 따위에는 관심이 없다. 집에 오니 남편은 나에게 눈길도 주지 않고 아이는 텔레비전만 본다. 이 집에서 붙박이 가구 같은 존재가 되어 버린듯하다. 이럴 때 처량함이 엄습해 오지만 소화해 낼 수 없어서 분노로 표출한다.

억울함도 몰려든다. 회사에서 정신없이 일한 것에 비하면 월

급이 너무 적다. 무엇을 위해 일하는 걸까? 아이에게 더 좋은 미래를 선물해 주기 위해서다. 하지만 이를 이해해 주는 가족이 있을까? 말 안 듣는 아이는 공부할 생각은 없고 매일 텔레비전만 볼 뿐 엄마가 얼마나 고생하는지 모른다. 이때 억울함을 하소연할 곳이 없으면 분노로 표현할 수밖에 없다.

분노의 배후에 막막함도 있다. 가족들이 육아에 참여하지 않으면 집안일을 오로지 혼자 다 부담하는 것 같다. 이런 막막함을 견딜 수 없으면 폭발하고 싶다.

두렵기도 하다. 회사 동료가 업무에 성실히 임하지 않으면 화가 난다. 그 동료 때문에 팀의 실적이 나빠지고 연봉에 영향을 미칠까 봐 두렵다.

분노의 배후에는 수치심도 있다. 사람들이 내가 뚱뚱하다고 비웃고, 가난하다고 비웃고, 못생겼다고 비웃으면 화가 난다. 그들의 말이 맞고 그것이 정말 나의 단점이기 때문에 화가 나고 수치스럽다.

분노는 공격적인 감정이다. 분노의 감정에 놓인 사람은 매우 강해 보인다. 분노하는 사람 역시 자신을 그렇게 생각한다. 하지만 자신의 행동이 너무 지나쳤고 다른 사람에게 상처를 줬을까 봐 걱정하고 자책한다. 나의 분노를 감당하는 사람은 더욱이 나의 분노는 잘못됐고 기분을 상하게 한다고 생각할 것이다.

하지만 분노를 표현하는 사람과 상대방의 분노를 감당하는 사람 모두 분노를 통해 감정 외의 다른 것에 관심을 보이는 경우는 거의 없다. 사실 분노하는 사람에게 가장 중요한 것은 마음의 상처이다.

분노는 상처를 포장하고 있다. 분노한 사람은 자신의 '상처'를 표현할 방법이 없고, 심지어 '상처'를 의식하지 못하며, 다른 사람이 알게 하고 싶지도 않기에 분노를 이용해 자신을 보호하고 계속 자신에게 상처를 주는 자극의 원인을 막아내고자 한다.

이처럼 우리가 분노하는 이유는 우리의 나약함이 활성화됐기 때문이다.

## 나약함을 드러낼 수 없는 이유

분노한 사람은 온몸에 뾰족한 가시가 가득한 고슴도치와 같다. 고슴도치의 가시를 젖혀 보면 부드러운 가죽과 살이 보이듯이, 분노는 연약한 마음과 상처받은 자신을 보호하고자 한다.

분노는 보호를 위한 감정이다. 분노의 배후에는 다양한 형태로 상처받은 수많은 내가 있다. 분노한 사람의 경험은 나약한 모습을 숨기라고 거듭 경고한다. '아무도 나에게 관심이 없어. 지금 내가 어떤 기분인지, 내가 지금 어떤 감정을 겪고 있는지 아무도 상관하지 않아.' 분노한 사람은 왜 자신의 나약한 모습을 숨길까? 나약함을 드러내기에 어려운 이유가 있다.

어렸을 때부터 나약함을 표현해도 된다고 가르쳐 준 사람이 없었다. 그래서 나 자신조차도 자신이 상처받았는지 크게 관심을 기울이지 않았다. 결국 자신의 나약함을 깨달을수록 그 나약함은 관심받을 수 없다는 것을 알게 되었고, 그럴수록 괴로워진다. 그렇게 괴로워하느니 자신도 더 이상 살펴보지 않기로 한다.

나약함을 드러내면 자신이 연약해 보이고 다른 사람의 보살핌이 필요한 것 같다. 타인에게 "나를 상대하지 않으면 나는 너무 속상해."라고 말하는 것과 "나를 상대하지 않으면 아주 화가 나."라고 말하는 느낌은 전혀 다르다. 전자는 바람 빠진 풍선과 같아서 표현하는 데 용기가 필요하다.

그래서 일단 나약함이라는 감정이 생기면 위압적인 자세를 취하며 자신을 강해 보이게 만들어 자신의 나약함을 감춘다.

나약함을 드러내면 비웃음을 사고 미움을 받을 수도 있다. 나의 내담자 중 일부는 적극적 내면 표현이나 비폭력적인 소통과 같은 소통 방식을 배우고 상대방에게 자신의 나약함을 있는 그대로 드러냈지만 위로는커녕 오히려 비웃음을 샀다. "그렇게 힘든 것은 네 잘못이지."라고 말하는 상대방의 태도에 이들은 더 큰 괴로움을 느꼈다. 또는 두 사람 사이에 갈등이 일어날 때 상대방은 나약함을 이용해 공격하기도 했다. 그 결과 이들은 자신의 나약함이 치명적인 약점이라고 생각하게 되었다.

"다른 사람이 나에게 진정한 모습을 보인다거나 나를 이해해 줄 것이라고 생각하지 않아요. 그들이 내 말에 귀 기울이고 위로해 줄 거라고 더는 믿지 않아요."

분노한 사람도 차츰 자신의 나약함을 받아들일 수 없게 된다. 그리고 그들의 마음에 규칙이 형성된다.

**'나약함을 드러내면 안 돼.'**

그러고는 악순환에 빠진다.

**'표현하지 않을수록 남들은 모르고, 남들이 모를수록 표현하고 싶지 않다.'**

## 내 안의 나약함을 적극적으로 드러내라

나약함을 해결하는 건강한 방식은 우선 자신의 나약함에 진실한 것이다. 다른 사람은 나의 상처를 모를 수 있고 나의 상처에 신경 쓰지 않을 수 있지만 나 자신은 집중해야 한다.

분노한 나의 나약함을 보려는 사람은 없다. 하지만 나 자신은 나의 나약함을 봐야 하며, '지금 내가 무엇을 해야 더 좋아질지' 생각하고 결심해야 한다. 이것이 바로 자신을 사랑하는 방법이다. 누가 옳고 그른지보다 나의 기분과 감정, 그리고 내가 더 편안해지는 방법이 더 중요하다.

분노를 해결하는 가장 좋은 방식은 나약함을 해결하는 것이다. 나약함을 해결하는 가장 좋은 방법은 하소연과 경청이다. 다른 사람에게 나의 이야기를 들려주며 감정을 배출할 수 있고, 그 감정은 위로를 받으며 역으로 발전할 수 있다. "사실 나는 억울해."라고 말하면 억울함이 반으로 줄어든다. 또 "에너지를 계속 소모해서 너무 지쳤어."라고 말하면 피로감이 줄어든다. 또는 "나는 너무 형편없는 것 같아. 자신감이 떨어져."라고 말하면 자존감이 다시 올라간다. 이처럼 나약함을 직접 드러내면 다른 사람의 이해를 구하기가 쉽다.

나약함을 드러내는 것이 쉬운 일은 아니지만 몇 가지 방법만 알면 충분히 안전하게 표현할 수 있다.

첫째, 마음을 표현할 수 있는 적절한 환경을 만든다. 예를 들어 적절한 시기에 상대방에게 "지금 나의 기분을 말해도 될까?"라고 물어본다. 상대방이 나의 마음을 살펴볼 여유가 있다면 그때 나의 마음을 표현한다. 나약함을 드러낼 때 상대방의 공격을 받는 이유는 자신의 세계에 빠진 상대방이 나의 상처받은 마음을 돌볼 여력이 없기 때문이다. 그런 상황도 모르고 하소연을 시작하면 거부당하기 십상이다.

둘째, 흉금을 털어놓듯이 한 번에 다 말하지 않는다. 나의 나약함을 순차적으로 조금씩 드러내자. 먼저 작고 가벼운 나약함에 대해 말해 보고 상대방이 관심을 기울이면 깊은 속마음을 차분히 이야기하면 된다.

셋째, 나약함의 원인을 알려 준다. 두려움이나 막막함을 느낄 때 상대방에게 왜 그런 기분인지 알려 줘야 한다. '내가 말하지 않아도 이해할 거야', '이런 상태는 누구나 겪지'와 같은 환상은 접어 두자. 나약함의 원인을 상대방에게 자세히 들려주면 이해받을 가능성이 커진다.

넷째, 상대방의 나약함에 먼저 관심을 갖는다. 상대방이 위로를 거부하는 것은 그 역시 똑같이 나약하기 때문이다. 그에게도 '나약해지면 안 돼'와 같은 내재적인 규칙이 있다. 하지만 그는 자신의 나약함을 보지 못하고, 나의 나약함을 살필 능력도 없다. 자신의 나약함을 허용하지 못하는 그는 당연히 나의 나약함을 허락하지 않는다.

먼저 상대방의 나약함에 관심을 기울이고 자신의 나약함을 드러내면 두 사람 사이의 나약함이 움직이기 시작한다. 나약함이 서로를 향해 이동해야 진정한 감정이 유발된다. 서로의 나약함을 느끼면 분노를 일으킨 그 일은 더 이상 중요하지 않고 서로를 향한 진심이 가장 중요하다는 것을 깨닫는다.

다른 사람이 분노할 때 황급히 반응하지 말고 상대방이 어떤 나약함을 가지고 있는지 살펴보자. 상대방을 대신해 나약함의 일부를 드러낼 수 있다면 훌륭한 감정 전문가라고 할 수 있다.

## 내 안의 분노 톺아보기

1 분노의 배후에 또 어떤 감정이 숨겨져 있나요? 당신의 나약함은 무엇과 관계있나요? 그 감정과 원인을 적어 보세요.

..............................

..............................

2 자신의 나약함에 어떻게 대처했나요?

..............................

..............................

3 다음 문장을 완성하고 어떤 기분이 드나요?

- **나는 당신에게 화났어. 동시에 나도 ............... 한 것 같아.** (나약함의 종류)
- **나는 계속 ............... 와 같은 일을 해왔어.**

  **이것 때문에 나는 ............... 한 것 같아.** (나약함의 종류)

4 이러한 나약함을 지닌 자신을 어떻게 생각하나요? 이 나약함에 대해 어떤 행동을 하고 싶은가요?

..............................

..............................

## 분노는 바이러스처럼 감정을 전달한다

분노는 타인에게 하는 요구이며, 그 요구에는 '장점'이 하나 있다. 바로 상대방에게 자신과 동일한 행동을 요구하고, 자신과 동일한 '자기 요구'를 바라며 자신과 같은 감정을 갖도록 한다.

한 학생이 말했다. "어머니의 통제 때문에 화가 나요. 어머니는 항상 이것저것 지적하며 제가 뭘 해야 하고 뭘 하면 안 되는지 말씀하세요."

어머니가 통제하고 경계를 침범했다는 것은 기분 좋은 일로 들리지 않는다. 하지만 '지적'하는 어머니가 얼마나 기분 좋은지 알고 있는가? 그 순간 어머니는 마치 세상을 호령하듯 풍부한 언어로 신나고 통쾌하게 통제한다.

그렇다면 통제받는 나는 어떠할까? 자유 의지가 속박된 것 같은 답답함을 느낀다. 이런 답답함의 외재적 원인은 어머니의 통제다.

그렇다면 자신의 원인은 무엇일까? 어머니를 존중해야 하고, 어머니의 기분을 살펴야 하며, 어머니와 대적하면 안 되고 어머니에게 상처를 주면 안 된다는 자기 요구다.

'억제'라는 자기 요구가 나를 답답하게 만든다. 이 답답함을 표현하지 못하면 어머니를 향한 분노로 변한다.

**저를 통제하면 안 돼요!**

**어머니도 당신을 나처럼 억제해야 해요!**

이 분노는 상대방이 나와 같은 답답함을 느끼도록 만든다. 그리고 나는 어머니가 말할 수 없을 정도로 답답함을 느껴야 만족한다. 내가 경험한 답답함이 어머니에게로 전가된 것이다. 이처럼 분노는 전달체의 역할을 한다. 표현할 수 없고, 의식하지 못한 나약한 감정이 분노를 통해 상대방에게 전달되고, 상대방도 그 나약함과 부정적인 감정을 경험한다.

분노한 사람의 감정은 바이러스처럼 공기 중에 어지럽게 날아다니고, 면역력 없는 상대방이 가까이 가면 분노의 감정에 감염된다.

분노는 매우 정확하게 전달된다. 분노의 배후에는 여러 가지 나약한 감정 경험이 자리하고 있는데 분노할 때 상대방이 똑같은 나약함을 경험하도록 할 수 있다.

집에 온 후 텔레비전을 시청하는 아이를 보면 화가 난다. 이때 감정의 배경에 따라 분노의 이유와 요구가 달라진다.

분노의 배후가 '좌절감'이라면 아이에게도 '나는 부족한 사람이야'라는 좌절감을 안겨 주려 하고 부정적인 언사로 분노를 드러낸다.

"제대로 하는 것 하나 없이 하루 종일 텔레비전만 보잖아! 숙제도 그런 식으로 해놓고 시험 성적도 엉망인데 텔레비전을 볼 마음이 생겨?"

이런 식의 분노에 아이는 자신이 형편없다고 생각하고 좌절감을 경험한다.

분노의 배후가 '처량함'이라면 아무도 자신에게 관심이 없다고 생각한다. 그러면 아이에게도 '나는 쉴 새 없이 할 일을 하는데도 아무도 나에게 관심이 없어'와 같은 처량함을 느끼게 한다. 무엇을 어떻게 해야 한다고 끊임없이 지적하면 아이는 자신이 관심을 받지 못한다고 느낀다.

"하루 종일 텔레비전만 보고, 집안일도 도울 줄 모르잖아! 집이 이렇게 엉망진창인 것 안 보이니? 어른들을 조금도 이해하지 못하겠어?"

이런 분노 앞에서 자녀는 집안일이 자신보다 더 중요하고 자신에게 관심 갖는 사람이 없다고 생각한다.

분노의 배후가 '억울함'이라면 아이에게 모든 노력이 부정당하는 기분을 느끼게 한다.

"너는 하루 종일 아무것도 하지 않는구나! 먹고 놀기만 할 줄 알지, 언제 철들래!"

그러면 아이는 자신이 한 많은 일이 의미 없고, 엄마는 자신을 알아주지 못한다고 생각하여 자연스레 억울함을 느낀다.

분노할 때 무엇에 치중하고 어떻게 표현하는지에 따라 나의 기분 나쁜 경험이 모두 아이에게 정확하게 옮겨 간다.

## 분노는 감정을 두 배로 부풀린다

재미있는 것은 분노를 받아 주는 사람 역시 가만히 있지 않는다는 것이다. 감정 쓰레기를 넘겨 받았을 때 좋아할 사람은 아무도 없다. 기분 나쁘고 나약한 감정을 상대방에게 내던지면 상대방은 그런 감정을 받아 줄 생각이 없다. 그래서 상대방은 다른 반응을 보이며 다시 나에게 그 감정을 던진다.

나를 지적하고, 트집 잡고, 조롱하고 나와 멀어지는 것이 대표적인 예이다.

우리 워크숍에서 한 여성이 말했다.

"남편이 출장 갔다가 돌아온 시간이 저녁 9시였어요. 그런데 남편은 바로 집에 오지 않고 동료와 밥을 먹겠다고 해서 화가 났어요. 그래서 남편에게 '알았어. 다녀와!'라고 차갑게 말했어요."

아내는 소홀한 대접을 받은 기분을 남편에게 던진 것이었다.

'출장 갔다가 9시에 돌아오는 당신을 이렇게나 기다렸는데 바로 집에 오지 않고 다른 사람과 식사를 하다니, 나를 너무 무시하는 것 같아!'

그래서 그녀는 남편에게 차갑게 말했고, 남편도 냉랭한 기분을 느꼈다.

남편 역시 아내가 화가 난 이유를 알고 있다. 하지만 그 차가운 느낌을 받아들이고 싶지 않다. 그래서 냉대를 당한 그는 새로운 공격을 시작한다.

"고마워, 그럼 가 볼게."

이 말에 아내는 어떤 기분을 경험할까?

"반어법도 못 알아들어? 고맙다니, 정말 최악이야!"

아내는 더욱 냉랭해진 기분을 경험한다.

이렇게 얼음장처럼 냉각된 기운이 두 사람 사이를 오간다. 아내는 무시 받은 기분을 느낀 후 상대방에게 냉랭함을 전달하자, 더 배가된 냉랭함을 경험했다. 하지만 누구도 "당신은 너무 차가워, 나 상처받았어."라고 먼저 말하지 않는다.

그렇게 갈등은 더 격화되고 아내는 참지 못하고 남편에게 폭발한다.

"매일 밖에서 사람들이나 만나서 놀고, 집안은 전혀 신경 쓰지 않잖아!"

아내의 말에 남편은 오해받았다는 생각이 들고 억울하다.

"내가 놀려고 사람을 만나? 다 일 때문에 그런 거잖아."

약한 모습을 보이고 싶지 않은 그는 아내의 감정에는 아랑곳없이 화를 돋우는 말로 대답한다.

"당신에게 사실대로 말하는 것이 아니었어. 차라리 예전처럼 거짓말하는 게 나아. 사실대로 말해도 화를 내고 나를 이해하지 않잖아."

두 사람은 서로의 분노 속에서 거절당했다는 상실감과 오해받았다는 억울함이 쌓인다. 겉으로는 시끄럽게 말다툼하고 있지만 사실 서로에게 나약함을 전달하고 있다.

# 내 안의 분노 톺아보기

1 상대방에게 분노를 표현한 후 상대방이 어떤 감정을 경험했다고 생각하나요?

2 상대방이 겪은 감정이 당신에게 익숙한가요?

3 상대방이 이런 감정을 받아들인 후 당신에게 어떻게 할 것이라고 생각하나요?

# 내가 느끼는 걸 너도 느낄 수 있다면

사람들은 상대방이 자신보다 유쾌하면 질투한다. 상대방이 나처럼 억눌리기를 바라고 나와 동일한 감정을 유지하길 바란다.

타인이 나와 같은 감정을 경험하도록 하면 어떤 장점이 있을까? 첫째, 심리적 균형을 이룰 수 있다. 질투는 인류의 원시적인 감정 중 하나다.

어느 날 어떤 사람이 운 좋게도 신을 만났다. 신이 그에게 말했다.

"지금부터 너의 어떤 소원이든 들어주겠다. 하지만 동시에 너의 이웃은 네가 받은 것의 2배를 얻을 것이다."

그는 신의 말을 듣고 매우 기뻐했다. 하지만 곰곰이 생각해 보니 기분이 썩 좋지 않았다.

'만약 내가 금 한 상자를 얻으면 이웃은 두 상자를 얻는구나. 내가 아내를 맞이하면 이웃은 두 명의 아내를 맞이하잖아!'

그는 어떤 소원을 말할지 도무지 생각이 나지 않았다. 이웃이 자신보다 더 많이 받는 것을 도저히 용납하기 어려웠기 때문이다. 결국 그는 이를 악물고 신에게 말했다.

"신이시여, 저의 눈 하나를 파내 주소서!"

우리 마음에는 억울함, 외로움, 억압, 불안이 내재되어 있다. 그런데 상대방이 자신감, 즐거움, 활기가 넘치면 우리는 기분이 언짢다. 우리는 본능적으로 상대방이 유쾌함을 느끼지 못하고 나처럼 기분을 망쳤으면 한다.

사회에는 전염병에 걸리면 다른 사람에게 옮기려고 하거나 자신이 받은 상처를 똑같이 주려는 사람들이 있다. 도덕적으로 그들은 정말 나쁘다. 하지만 그들의 내면을 들여다보면 억울함, 상실감, 아픔을 갖고 있지만 하소연할 곳이 없다. 그래서 이런 극단적인 방식으로 타인에게 자신의 감정을 전달하고자 한다. 이런 방식을 통해 그들은 심리적 균형감을 찾고 편안해진다.

타인의 분노를 위로하고 싶다면 알아야 할 것이 있다. 그들 앞에서 어떠한 기쁨, 편안함, 자신감 있는 표정도 드러내서는 안 된다. 최대한 자신의 감정을 그들과 똑같이 조절해야 공감대를 형성할 수 있다.

## 나에게 필요한 건 당신의 관심과 이해

상대방의 감정이 나와 같아졌을 때의 두 번째 장점은 상대방이 자신의 세계에서 빠져나와 나를 볼 수 있다는 것이다.

상대방이 즐거운 일에 푹 빠져 있으면 나에게 관심이 없다. 나는 청소를 하는데 상대방은 텔레비전을 본다면 그는 힘들게 일하고 있는 나를 보지 못할 것이다. 숙제 지도를 해 줘도 아이가 상관없다는 태도를 보인다면 나는 외면당하고 있는 셈이다.

상대방의 관심과 주목이 필요하다면 분노라는 수단을 이용해 상대방을 유쾌함의 감정에서 꺼낼 수밖에 없다. 잠재의식은 '당신이 하고 있는 일을 멈추고 당신의 즐거운 감정을 끊어낼 거야. 그러면 내가 보일 거야.'라고 생각하기 때문이다.

상대방이 나에게 주목하면 이해받을 기회가 생긴다. 분노하는 사람은 이해를 갈망한다. 그러므로 이해받는다는 것은 상대방의 감정이 나와 같아진 후의 세 번째 장점이다.

한 남성이 말했다. "저희 사장님은 성격이 아주 거칠어요. 자주 저에게 라벨을 붙이고 악의적으로 평가해요."

그의 분노의 배후에는 '억울함'이 있다. 그는 사장이 자신의 억울함을 이해해 주길 바란다.

그는 왜 억울할까? 외재적인 이유는 사장의 성격이 거칠고 급하기 때문이다. 만약 그가 회사에서 하루 종일 빈둥거린다면 사장의 비난을 들어도 억울하지 않다. 그가 분노하는 내재적인 이유는 열심히 근무하는데도 사장에게 악의적인 비난을 받기 때문이다. 그렇다면 그는 왜 노력할까? 가장 큰 이유는 당연히 자신의 미래를 위해서다. 하지만 또 한편 사장의 이익을 위해서다. 그래서 그는 사장으로부터 "우리 회사를 위해 이렇게 고생하다니 정말 수고가 많아."라는 말을 듣고 싶다.

이 말은 그의 분노를 치료해 줄 수 있다. 만약 그가 표현하는 법을 배웠다면 사장에게 이렇게 말할 것이다.

"저는 매일 최선을 다해 근무하고 있습니다. 회사가 더 발전하길 바라기 때문입니다. 지금 저를 비난하신다니 매우 억울합니다."

이런 표현을 통해 사장의 이해를 얻고 마음이 편안해질 것이다. 하지만 그는 아무 말도 하지 않았고 조용히 분노했다. 그는 분노를 이용해 사장에게 '저는 최선을 다해서 일하고 있습니다. 사장님도 조금 더 선한 마음으로 직원을 객관적으로 평가해 주세요!'라고 요구하고 있다.

우리가 이해받지 못하는 기분을 경험하는 이유는 타인과 우리의 경험 그리고 느끼는 기분과 감정이 다르기 때문이다. 흥분한 사람은 기력이 저조한 사람을 이해할 수 없다. 편안한 사람은 불안한 사람을 이해할 수 없다. 자신을 중요시하는 사람은 자신을 중요시하지 않는 사람을 이해할 수 없다.

따라서 우리는 "내가 겪어온 것을 경험하지 못했으니 나를 이해하지 못할 거야."라고 자주 말한다. 그것은 반대로 "당신이 내가 겪은 것을 겪는다면 나를 이해할 수 있잖아?"라는 말이다.

나의 마음이 괴로울 때 상대방의 이해가 필요하다. 그러면 상대방이 나와 같은 기분을 느낄 방법을 찾는다. 나 자신을 대하듯이 상대방을 대해서 나와 같은 경험과 감정을 온몸으로 느끼게 하는 것이다. 그래서 분노는 이렇게 말한다.

**"당신이 나와 같은 기분이어야 해. 그래야 당신이 나를 이해할 수 있어!"**

내가 불안하면 상대방이 불안할 때까지 재촉한다. 내가 긴장하면 상대방도 긴장하도록 겁을 준다. 항상 실수할까 봐 조심스럽게 사는 나는 상대방이 실수하면 그 결과를 과장해서 조심스러운 사람으로 변하도록 한다. 상대방도 불안해져야 내가 어떤 삶을 사는지 알게 될 것이다.

그러므로 누군가의 분노를 위로하고 싶다면 그 사람의 고통을 보고 말해 주자.

"지금 당신이 얼마나 억울하고 불안하고 속상한지 알아."

## 당신과 친밀해지고 싶다

이해받을 때 가장 좋은 점은 외롭지 않다는 것이다. 이는 나와 상대방의 감정이 일치할 때의 네 번째 장점인 '친밀함'이다.

내가 고생하면 상대방이 함께 고생하도록 끌어들인다. 그러면 나는 혼자 고생하지 않아 외롭지 않다고 생각한다. 내가 힘들면 누군가 함께 고생하고, 내가 즐거울 때 누군가는 나와 함께 즐거웠으면 좋겠다. 내가 맛있는 햄버거를 먹을 때 누군가 함께 그 맛을 즐기고, 내가 웃을 때 누군가 같이 웃어준다면 얼마나 행복한 경험인가.

사람들은 보기 싫은 상황이 많다. 타인이 쉬는 것을 못 보고, 타인의 편안한 모습을 못 본다. 타인이 자기 자신을 사랑하거나 자신감이 넘치는 모습을 못 본다.

분노한 사람은 두 사람의 고통이 한 사람의 고통보다 훨씬 낫다고 생각한다. 따라서 분노는 사랑에 대한 갈망이기도 하다. '질투'라는 두 글자는 지금까지 부정적인 감정 색채로 인류의 사전에 기록되어 왔다. 너그럽지 못하고 포용성이 없으며 계산적인 마음의 대명사였다. 사실 질투는 매우 강한 생존의 의미를 지닌다. 그 생존의 의미는 '구애'다.

'나는 당신보다 부족하면 안 되고, 당신보다 뒤떨어지면 안 돼. 그래야 내가 안전하니까. 당신은 반드시 나처럼 부족하고 나처럼 괴로워야 내가 사랑받을 수 있어.'

## 내 안의 분노 톺아보기

1 분노의 배후에 또 어떤 나약한 감정이 숨겨져 있었나요?

......................................................................

......................................................................

......................................................................

2 상대방에게 다음의 말을 표현해 보세요.

- 나의 기분은 ..................야, 당신도 ..................를 느끼길 바라.
- 만약 당신도 ..................를 느끼면, 나는 그다지 괴롭지 않을 거야.
- 만약 당신도 ..................를 느끼면, 당신이 나를 이해한다고 느낄 거야.
- 만약 당신도 ..................를 느낀다면 그렇게 외롭지 않을 거야.

3 그렇게 표현하면 어떤 기분이 드나요?

......................................................................

......................................................................

......................................................................

......................................................................

6장

# 분노는 두려움이다

# 쉽게 분노하는 사람들의 특징

사람들은 행동할 때 2가지 원칙을 준수한다.

- 편안함의 원칙
- 올바름의 원칙

편안함의 원칙을 지키는 사람들은 유쾌함, 편안함, 안락함을 기준으로 행동하고 결정한다. 편안함을 주는 일이라면 올바르지 않아도 대가를 감당한다. 하지만 편안하지 않은 일이라면 올바른 일이어도 하지 않는다.

올바름의 원칙을 지키는 사람은 올바름, 적합함, 합당함이 결정의 기준이 된다. 올바르다고 생각하는 일이 편안하지 않더라도 한다. 올바르지 않은 일은 편안하더라도 하지 않는다.

예를 들어 드라마 시청이 그렇다. 편안함의 원칙을 기준으로 행동하는 사람은 드라마가 재미있으면 새벽 두세 시 심지어 더 늦은 시간까지 시청을 한다. '내일 출근해야 하니 이제 시청을 멈춰야 해.'라고 이성이 알려 줘도 그들의 감성은 '아니야, 멈추고 싶지 않아.'라며 이성에게 반발한다. 그래서 이들은 아무리 피곤해도 드라마에 감흥이 없어질 때까지 시청을 계속한다.

올바름의 원칙을 지키는 사람들은 처음부터 매우 절제하는 모습을 보인다. 너무 오랜 시간 드라마를 시청하는 일은 일탈적이고 가치가 없다고 생각하기 때문이다. 그들은 다음 날 출근과 건강에 영향을 미칠까 봐 너무 늦은 시간까지 시청하지 않는다. 이들의 감성이 더 시청하자고 해도 더 이상 보지 않는다. 혹시 드라마를 늦은 시간까지 감상했다면 잘못된 행동을 했다는 생각에 자책한다.

## 편안함과 올바름, 마음의 선택을 따르라

사람의 마음은 복잡해서 편안함의 원칙과 올바름의 원칙을 동시에 가지고 있기도 하다. 결정을 내릴 때 두 원칙을 모두 결정에 적용시키려 하지만 결국 한 원칙만 결정권을 행사한다.

예를 들어 어머니가 무엇을 해야 하고 무엇을 하면 안 되는지 설명하며 항상 자녀를 통제한다고 생각해 보자. 편안함의 원칙을 지키는 사람은 자신의 감정을 보호할 수 있는 행동을 한다. 이들은 괴로운 시간이 빨리 끝나도록 재빨리 대답하거나, 반박하는 방식으로 어머니의 통제를 막는다. 자신의 능력이 어머니의 통제에 맞설 능력이 없으면 멀어지기 또는 연락 두절 등의 방법을 선택해 편안함을 추구한다. 이들은 편안함의 원칙에 따라 결정하고 행동하지만 올바름의 원칙 때문에 행동이 지나쳤다거나 올바른 선택이 아니라고 자책하기도 한다.

올바름의 원칙을 지키는 사람은 억울하지만 옳다고 생각하는 일을 한다. 이들은 '부모님께 상처를 주면 안 된다', '효도해야 한다' 등의 원칙에 따라 자신의 의지를 거스르고 원하지 않는 행동을 한다. 불편함을 느끼고 자신의 감정을 보호하고 싶으면 '올바름'을 보장한다는 전제하에 감정을 보호한다.

편안함의 원칙과 올바름의 원칙은 절대적으로 충돌하는 관계가 아니다. 올바르면서도 기분 좋은 일은 얼마든지 많다. 사랑하는 사람을 만나 연애를 한다거나 좋아하는 일을 직업으로 삼으면 즐거울 뿐 아니라 이익도 실현할 수 있다. 반면 두 원칙이 상충되는 일도 많다. 운동, 야근, 싫어하는 상사에게 보고하기와 같은 일은 해야 하는 일이지만 고통스럽다. 이런 경우 편안함의 원칙을 따르는 사람도 있고 올바름의 원칙에 따라 지속하고 버티는 사람도 있다.

두 원칙이 서로 충돌할 때 나에게 더 중요한 원칙이 나의 행동 방향을 결정한다.

## 감성과 이성이라는 2개의 견인력

편안함의 원칙과 올바름의 원칙은 2가지 견인력과 대응한다.

- 감성의 견인
- 이성의 견인

편안함의 원칙을 지키는 사람은 '감성'에 견인된다. 즉, 이들은 결정할 때 어떻게 해야 기분이 더 좋은지 몸이 알려 준다. 올바름의 원칙을 지키는 사람들은 '이성'에 견인된다. 이들은 결정할 때 어떻게 하면 맞는지 대뇌가 알려 준다.

같은 일이라도 사람과 시기가 다르면 다른 견인력이 작용한다. 사회생활의 경우 감성 견인형은 외로움, 적막함, 무료함 등의 감성 때문에 자발적으로 참여한다. 이성 견인형은 목적과 이익 등 그들이 '맞다'고 생각하는 것을 실현하기 위해 참여한다. 또 집안일을 할 때 어떤 사람들은 가사 노동을 즐기고 만족감과 성취감을 느낀다. 한편 어떤 사람들은 '바닥은 반드시 깨끗해야 한다'라는 이성적인 요구 때문에 집안일을 한다.

같은 일과 사람이라도 시기가 다르면 다른 견인력이 작용한다. 처음 일을 접할 때 즐겁고 열정이 넘치며 즐거움과 편안함을 느낀다면 이때는 감성이 이끄는 것이다. 하지만 하면 할수록 소모적이라고 생각하고 좌절감을 느끼며 위축된다면 이때 이성은 '포기하면 안 돼, 버텨 내야 해.'라고 말한다. 따라서 이때는 이성이 견인한다.

가장 전형적인 예가 바로 결혼이다. 초기에는 하루하루가 행복하다. 이때는 감성이 이끈다. 하지만 오랜 시간이 흐르면 상대방이 귀찮고 성가시고 화가 나서 함께하고 싶지 않을 때도 있다. 하지만 '책임을 져야 해', '상처를 주면 안 돼', '마지막까지 함께 해야 해'와 같은 이성적인 이유가 계속 상대방과 함께 하라고 강요한다.

편안함의 원칙을 주로 준수하는 사람은 조금 더 즐겁고 유유자적한 삶을 누린다. 자신을 곤란하게 만들지 않기 때문이다. 이들은 스트레스를 즉시 해소할 줄 알고 자신의 감정을 보호해서 자신을 불편하게 만드는 일이 거의 없다. 이들은 심리적 감당 능력도 매우 강하다. 비록 이기적이고 믿음직해 보이지 않아도 이것이 그들의 선량함, 상냥함, 유머 감각, 개성에 영향을 주지 않아 많은 사람들이 이들을 좋아한다.

올바름의 원칙을 주로 준수하는 사람은 상대적으로 힘들고 억눌린 삶을 산다. 자신을 너무 괴롭게 만들기 때문이다. 이들은 내적 소모가 커서 심리적 에너지가 금방 고갈된다. 또 마음이 포화상태이고 자극에 대한 감당 능력이 비교적 약해서 쉽게 분노한다. 하지만 착실하고 엄숙하며 박학다식해 보이고 현실에서도 매우 우수하고 믿음직하기 때문에 많은 사람들이 좋아한다.

그렇다. 고수하는 삶의 방식이 자기 자신을 만들고, 어떤 유형의 사람이든 남들의 사랑을 받는다.

안타깝게도 감정을 우선시한다며 자책하다가 또 너무 이성적이면 냉정하다고 생각하는 등 갈피를 잡지 못하는 사람들이 있다. 이들은 어떤 원칙을 따라야 하는지 고민하는 데 너무 많은 시간과 에너지를 소모한다.

## 규칙과 자기 요구가 많은 사람들의 분노

쉽게 분노하는 사람은 내재적인 규칙과 자기 요구가 많다. 자신에 대한 요구가 많고 그 요구가 자세할수록 내재적 소모가 빠르고 에너지가 쉽게 고갈된다. 대외적으로도 타인에게도 자신과 똑같이 이성적인 삶을 살라고 통제하고 요구한다.

따라서 쉽게 분노하는 사람은 원칙성이 강한 사람이다. 이들은 매우 이성적이라 지인이나 주변 사람, 심지어 낯선 사람에게까지 규칙을 준수하라고 요구한다. 전혀 상관없는 사람이 그들의 원칙에 위배되는 일을 해도 분노한다.

그럼 나의 삶이 어떤 원칙 위주인지 어떻게 판단할까? 결정하는 과정에서 생각해 볼 수 있다. 나는 편안함과 즐거움이 중요할까, 아니면 올바른 선택, 이익 최대화가 중요할까?

판단하기 어렵다면 스스로에게 또 다른 질문을 해 볼 수 있다. 결과에 상관없이 하고 싶은 선택을 할 수 있다면 그 일을 할까? '하겠다'고 선택하면 감성에 이끌리는 사람이다. 하지만 '하지 않겠다'고 선택한다면 이성에 견인되는 사람이다.

# 내 안의 분노 톺아보기

1 당신의 행동은 왜 올바른 행동이었지만 즐겁지 않았나요? 상대방의 행동은 왜 즐거웠지만 올바르지 않았나요?

2 다음의 말을 큰 소리로 읽어 보세요.

- 나는 ................ 를 하면 불편하지만 올바른 일이라고 생각해!
- 나는 ................ 를 하면 편안하지만 올바르지 않다고 생각해!
- 당신도 나처럼 올바른 것을 선택해야 해! 편안한 것을 선택할 수 없어!

3 이 과정에서 어떤 기분이 들었나요?

# 나와 당신을 위한 걱정의 분노

잘못하면 벌을 받아야 한다는 건 누구나 다 아는 사실이다. 그런데 누군가에게 벌을 내리는 동기는 매우 복잡하다. 어떤 징벌은 상대방의 능력과 의지를 빼앗길 바라고, 그 사람 자체가 사라지길 바랄 정도로 파멸적이다. 누군가 미우면 그 사람을 무섭게 벌주고 싶은 것이 사람의 보편적인 심리다. 어떤 징벌은 상대에게 변화를 요구하고 개선하지 않으면 심각한 결과를 맞이한다고 경고하기도 한다. 나를 향한 부모, 교사, 배우자의 분노가 그렇다. 그들은 훌륭한 사람이 되지 못한 나를 보며 안타까움을 느끼고 분노한다.

분노는 '당신이 그렇게 하지 않길 희망한다'라는 뜻이다. 상대방의 행동은 '나에게 피해' 또는 '당사자에게 피해'를 입히는 결과를 일으킨다. 그럴 때 우리는 분노 메커니즘이 등장해 나를 보호하거나 상대를 보호하는 목적을 달성하길 기대한다.

만약 내가 '당신의 행동이 나에게 피해를 준다'라고 먼저 인식하면 이때의 분노는 나를 보호한다. 한편 '그런 행동은 당신에게 피해를 준다'라고 인식하면 이때의 분노는 상대방을 보호한다. 그러므로 인지 메커니즘을 통해 분노가 어느 쪽에 속하는지 판단할 수 있다.

예를 들어 행인이 새치기하는 행위에 분노한다면, 그 사람의 새치기 행위는 당사자가 아닌 나와 주변인들에게 피해를 준다. 그런 그에게 "새치기하지 마세요, 지금까지 줄 선 사람들이 피해를 입잖아요."라고 직접적으로 표현할 수 있다.

## 나와 당신의 보호막이 되는 분노

한 어머니가 나에게 말했다. "우리 아이는 숙제든 시험이든 할 줄 아는 문제도 틀리고 대충하자는 태도를 보여서 너무 화가 나요."

내가 그녀에게 물었다.

"그런 태도는 어떤 태도인가요?"

그녀는 성실하지 않은 태도라고 말했다. 이 어머니는 아이의 성실하지 않은 모습에 화가 났다. 그렇다면 성실하면 어떻게 될까? 그리고 성실하지 않으면 어떻게 될까?

"무슨 일이든 성실하지 않으면 제대로 하기 어렵죠. 학생으로서 공부를 잘하지 못하고, 성인으로서 일을 제대로 하지 못하면 경쟁력이 약하고 쉽게 도태되잖아요. 그러면 사회에서 발붙이기 어렵고 심지어 생존하기도 어렵죠."

이 어머니의 분노는 아이의 미래에 대한 불안에서 비롯됐다. 아이가 불성실한 태도를 보이자 어머니는 아이의 미래를 걱정하기 시작했다. 어머니는 아이가 편안하고 행복한 미래를 맞이하길 바란다. 비록 이 어머니의 논리에 동의하지 않지만, 그녀의 동기를 보면 그녀의 분노는 아이에게 유리하고, 자신의 아이를 보호하기 위해 발현된 것이다.

많은 경우 우리가 다른 사람을 걱정하지만 직접적으로 표현할 수 없으면 '분노'라는 방식을 선택한다.

분노는 나나 상대방, 혹은 모두를 보호할 때도 있다. 상대방의 행위가 나에게 상처를 주었지만 분노로 인해 그가 행동을 멈추면 상대방에게도 좋다.

한 여성이 이렇게 분노했다.

"남편은 항상 저의 사소한 습관을 가지고 트집을 잡아요. 예를 들어 집에 돌아오자마자 신발을 제대로 벗어놓지 않았다, 옷을 바르게 걸어놓지 않았다, 주방에서 나올 때 불을 끄지 않았다는 둥 말이에요."

이 여성이 남편에게 붙인 라벨은 '트집을 잡는다'이다. 그리고 남편에게 '트집을 잡지 마라'는 요구를 하고 있다. 남편의 행동이 이 여성에게 상처임을 알 수 있다. 그래서 내가 그녀에게 물었다.

"남편이 자주 트집을 잡으면 남편에게 어떤 안 좋은 영향이 있을까요?"

그녀가 말했다.

"남편이 이렇게 자주 트집을 잡으면 우리 부부 관계를 망가뜨리고 나는 그를 떠나고 싶을 거예요."

이 여성은 남편의 트집 잡는 행동을 멈추고 싶었고 남편과의 관계를 망가뜨리는 행동과 그가 사랑하는 아내를 잃는 것을 막고 싶었다. 남편의 마음에 아내가 정말 큰 자리를 차지하고 있는지 알 수 없다. 중요한 것은 이 여성은 남편의 마음에 자신이 큰 자리를 차지하고 있다고 생각했고, 분노를 통해 그를 보호하고자 한다. 만약 남편이 자신을 사랑한다는 확신이 없어도 아내는 그의 트집에 분노할까? 남편은 트집을 잡을 때 사랑하는 아내를 잃을 생각을 해 봤을까? 아마 정반대일 것이다. 남편은 아마도 '내가 당신을 사랑한다는 것을 알고 있다고 확신해. 우리의 관계가 매우 안전하다고 생각해. 그래서 안심하고 트집을 잡는 거야.'라고 생각할 것이다.

사람들은 관계가 충분히 안전하다고 생각하면 트집을 잡는다. 이는 잠재의식이 결정하는 것으로 그가 통제할 수 있는 것이 아니다. '트집을 잡으면 상대방을 잃는다'라는 것은 이 여성의 생각이다. 하지만 남편은 '나는 당신을 잃지 않을 테니까 당신에게 트집을 잡는 거야.'라고 생각한다. 이 여성은 자신의 생각의 틀에서 남편을 이해했고, 따라서 그녀가 남편을 보호하는 방식은 바로 남편의 트집 잡기 행동을 멈추는 것이다.

## 분노의 배후에는 사랑이 숨어 있다

사랑은 두 관점으로 이해할 수 있다.

- 나는 사랑을 바쳤다.
- 나는 사랑을 받았다.

어떤 사람의 동기가 다른 사람의 행위에 이득이 된다면 '사랑을 바친다'라고 말할 수 있다. 예를 들어 자녀에게 낭비하지 말라고 요구한다. 자녀가 절약하는 습관을 기르면 앞으로의 생활에 유리하다고 생각하기 때문이다. 배우자에게 책임을 지라고 요구하는 이유는 가정의 화목이 그의 인생에 도움이 되기 때문이다. 이런 것들은 '사랑'이라고 불린다.

한편 상대방의 헌신이 나에게 유리한 결과를 낳았다면 '사랑을 받았다'라고 말할 수 있다. 예를 들어 누군가의 행동으로 기쁘고 풍족함을 느끼면 사랑받은 것이다. 햇살이 따스함을 주었고, 어머니가 아침 식사를 챙겨 준 것은 모두 사랑의 표현이다.

사랑은 '당신이 나를 사랑해서 내가 사랑받는다'는 간단한 논리가 아니다. 나의 행동은 중간에 일련의 복잡한 가공 과정을 거쳐서 상대방에게 가고, 상대방은 내가 한 행동 외의 다른 무언가를 경험하게 된다. 따라서 때로는 그다지 의미 있는 행동을 하지 않았는데 상대방이 정신을 못 차릴 정도로 감동하거나, 많은 것을 바쳤지만 상대방의 화를 불러일으키기도 한다.

분노는 사랑을 준 사람의 관점에서 정의한 사랑이다. 많은 경우 우리는 다른 사람의 분노 속에서 '너를 구하고 싶어'와 같은 강렬한 정을 느낀다. 비록 그것의 결과로 상처를 주고 좋은 의도가 나쁜 결과로 이어지긴 해도 말이다. 우리는 결과로 사랑을 판단하는 데 익숙하다. 결과적으로 피해를 입으면 사랑이 아니라 고 생각하지만 그것은 사랑을 준 사람에게 불공평한, 사랑을 받은 사람의 이상향일 뿐이다.

나의 스승이 들려준 이야기가 있다.

옥상에서 뛰어내리려는 한 사람을 발견했다. 그가 말했다. "다가오지 말아요, 경찰도 부르지 말아요. 그러지 않으면 뛰어내릴 거예요." 이때 다가가서 그 사람을 구해야 할까, 아니면 제자리에 서 있어야 할까? 만약 다가간다면 그는 뛰어내릴 텐데 그 결과는 내가 초래한 걸까? 만약 다가가지 않아서 그가 뛰어내린다면 나는 자책하게 될까?

내 행동의 결과는 피해를 낳을 수도 있다. 하지만 그렇다고 사랑을 표현하고 싶은 나의 동기를 부정하면 안 된다.

다른 사람이 나에게 분노할 때 비록 상대방이 나에게 상처를 줘도 그 배후에 나를 사랑한다는 동기가 있음을 알아야 한다. 상대방의 사랑을 느끼면 그에 대한 분노를 줄일 수 있다. 사랑을 받는 사람으로서 원하지 않으면 거절할 수 있지만, 그래도 나를 사랑한 상대방에게 감사함을 갖고 말하자.

"나를 아끼는 당신의 마음 잘 알아. 나를 위해 노력하는 것도 고마워. 하지만 미안하게도 나는 당신이 말한 대로 할 수 없어."

## 분노 대신 걱정하는 마음 드러내기

분노한 사람은 상대방이 잘못한 부분과 자신의 상처는 잘 보지만, 자신이 상대방을 보호하거나 상대방을 위해 생각하고 있다는 사실은 잘 의식하지 못한다. 분노한 사람이 사랑을 더 많이 표현하고자 한다면 그의 분노는 사라지고 걱정이 대신한다. 그러므로 누군가에게 분노할 때 걱정하는 마음을 표현해 보자.

어느 어머니가 말했다. "초등학생인 우리 아이가 영어시험을 보는데 'football', 'basketball'의 뜻을 계속 기억 못 해서 화가 났어요. 그래서 단어를 못 외우면 잠을 못 자게 했어요."

이 어머니는 화가 나서 아이에게 겁을 주는 행위를 했다. 하지만 그녀가 조금 더 솔직했다면 아이에게 "엄마는 네가 곧 학년도 바뀌는데 이 단어도 못 외워서 걱정돼…."라고 직접 말했을 것이다.

이처럼 걱정을 드러내면 분노는 바뀌기 시작한다. 옳고 그름에 얽매이지 말고 걱정하는 마음을 바탕으로 행동하자. 걱정을 직접 드러내는 것이 분노를 표현하는 것보다 관계에 유리하다.

## 내 안의 분노 톺아보기

1 당신의 분노는 상대방의 행위가 누구에게 피해를 준다고 말하나요? 당신에게 어떤 피해를 주었나요? 상대방은 어떤 피해를 받았나요? 한쪽 또는 양쪽의 피해를 찾아보세요.

2 다음의 문장을 완성하고 큰 소리로 읽어서 상대방에게 표현해 보세요.

- **당신은 ............ 을 하면 안 되었어!**
- **만약 당신이 ............ 라면, 나에게 ............ 같은 악영향이 있어! 당신의 단점은 바로 ............ 야!**

3 이렇게 말한 후 어떤 기분과 생각이 드나요?

## 자동적 사고의 고리를 끊어라

두려움이 나쁜 감정은 아니다. 현실적인 경험에서 출발한 두려움은 우리의 피해를 막기 위한 보호 기제로 작용한다. 그런데 현실에 부합하지 않고 확대와 왜곡의 과정을 거친, 검증할 수 없는 두려움도 있다. 분노의 해소는 본질적으로 현실에 부합하지 않는 두려움을 찾아내 고치는 과정이다. 그리고 우리의 잠재의식은 그런 감정이 나쁜 것은 아니라고 의식하고 현실적인 의미가 있는 두려움은 남긴다.

확대와 왜곡의 과정을 거친, 검증할 수 없는 두려움을 없애기 위해서 먼저 해야 할 일은 머릿속의 'A=B, B=C이므로 A=C'의 논리 관계를 없애는 것이다. A부터 B까지는 확률 문제이고 B에서 C까지 역시 확률 문제이다. 그러므로 A부터 C까지는 일어나기 힘든, 더 낮은 확률의 일이다.

예를 들어 무책임함에 대해 이야기해 보자. '무책임하면 자녀에게 상처를 주고 자녀는 나를 원망할 거야. 자녀가 나를 원망하면 나는 실패한 엄마야. 그러니까 결국 나는 실패한 사람이야. 사람들이 실패한 나를 좋아하지 않을 거야. 이런 인생은 의미가 없어.'

단순히 자신이 자녀에게 상처를 줬다는 것 하나로 인생의 의미를 잃은 결과까지 가져왔다. 이는 지나친 확대 해석이다. 자녀를 혼내면 그 순간 자녀는 괴롭지만, 반드시 마음에 새겨 두고 상처를 입는 것은 아니다. 자녀의 감당 능력은 생각보다 강하다. 긴 시간 동안 행해진 많은 질책과 비난이야말로 아이에게 상처를 준다. 나약한 것은 우리다.

자녀에게 상처를 주었다면 앞으로 자녀는 나를 원망할까? 꼭 그렇지도 않다. 어린 시절 입은 상처로 부모를 원망한다면 성인들 거의 대부분이 부모를 원망할 것이다. 사실 아이들은 부모의 질책보다도 스스로의 문제로 더 많은 두려움을 안고 살아간다.

또한 자녀가 나를 원망하면 나는 실패한 엄마가 될까? 그렇지 않다. 자녀가 철이 없을 때는 엄마를 원망할 수 있지만 엄마는 여전히 여러 분야에서 성공한 사람이다.

또 실패한 엄마면 실패한 사람일까? 양자는 필연적인 관계가 아니다. 아무도 모든 분야에서 성공할 수 없고 한두 분야의 실패가 자신의 다른 분야에서의 성공을 소멸시키지 않는다.

내가 실패한 사람이면 사람들은 나를 싫어할까? 꼭 그런 것은 아니다. 세상에 존재하는 실패한 사람들은 모두 외롭게 생을 마감할까? 내가 실패한 사람을 싫어하기 때문에 남들도 실패한 사람을 싫어한다고 생각하는 것은 지나친 일반화의 오류다.

사실 이 모든 것은 낮은 확률로 관련 있을 뿐이다. 하지만 우리의 잠재의식은 이 모든 것을 필연적이라고 생각하고 두려워한다. 내가 어떤 일 또는 누군가에게 책임을 지지 않았다고 의식하면 자동적으로 '살아갈 수 없어'로까지 연상된다. 만약 그렇다면 정말 무서운 일이다.

분노 전환은 본질적으로 두려움을 전환하는 것이다. 이는 두려움에 관한 실질적이지 않은 내면의 논리를 고치는 과정이다.

## 부지불식간에 행해지는 자동적 사고

'자동적 사고automatic thought'는 심리학자 아론 벡Aaron T. Beck이 제시한 용어다. 분노했을 때 떠오르는 '상대방이 이렇게 하면 어떻게 될까', '만약 내가 이렇게 하면 어떻게 될까'와 같은 일련의 연상이 바로 자동적 사고의 일종이다.

자동적 사고는 찰나에 완성될 정도로 매우 빠르다. 자극을 받아서 분노할 때까지 많은 사고 활동이 일어난다. 사람이 건물에서 뛰어내리거나 번지 점프를 할 때 그 짧은 몇 초의 순간에 일생을 다 돌이켜 볼 수 있다고 한다. 자동적 사고가 얼마나 빠른지 잘 알려 주는 예다.

자동적 사고는 많은 가공을 거쳐 사실과 멀어진 결론을 얻는 사고의 사슬이다. 하나의 동작으로 50개의 드라마를 생각해 낼 수 있다. 남편의 외도에 분노한 여성은 마음속으로 '내 남편의 외도는 내가 부족해서야. 내가 다른 여자보다 뒤떨어지면 나는 버려질 거야. 그러면 내 인생은 엉망진창이 되겠지.'라고 생각을 이어 간다.

주의하지 않으면 자동적 사고는 계속 활성화되지만 우리는 인지하지 못한다. 이는 "1분 동안 심장이 몇 번 뛰나요?"라고 물어보는 것과 같다. 심장은 항상 뛰지만 우리는 인식하지 못한다.

우리를 분노하게 하는 자동적 사고가 그렇다. 자동적 사고에 따라 반응하지만 인지하기 어렵다.

## 자동적 사고에서 벗어나기 위한 두 가지 방안

자동적 사고를 타파하기 위해서는 두 가지 방안이 요구된다.

### 인식하기

자동적 사고를 타파하기 위한 첫 단계는 인식이다. 우선 나의 사고 사슬이 어떻게 만들어졌는지, 연상이 불러오는 결과는 무엇인지, 나는 무엇을 두려워하는지 인식해야 한다. 인식은 관찰하기만 하면 되므로 매우 간단하다. 분노할 때 자신이 상대방에게 무엇을 요구하는지 생각해 본 다음 스스로에게 질문해 보자.

- 만약 그가 나의 요구를 이행하지 않고 자신의 방식대로 행동하면 그에게 어떤 결과가 생길까? 어떤 영향이 있을까?
- 지금 그가 드러내는 기질을 내가 배운다면 나에게 어떤 결과가 생길까? 어떤 영향이 있을까?

한 학생이 나에게 하소연한 적이 있었다. “엄마가 나와 남자친구의 관계에 간섭하고 비합리적인 행동을 했어요. 결국 저는 남자친구와 헤어졌어요.”

이 학생이 자신의 어머니에게 붙인 라벨은 ‘매우 비합리적이다’이다. 그러면 스스로에게 질문해 보자. 어머니가 계속 비합리적으로 행동하면 그녀에게 어떤 영향이 있을까? 비합리적인 행동은 어머니에게 어떤 영향을 미칠까? 만약 어머니처럼 학생 자신도 비합리적으로 행동하면 어떻게 될까? 생각하면 답이 나온다. 엄마의 비합리적인 행동은 나에게 상처를 준다. 나에게 상처를 주면 나는 더 이상 엄마와 말하고 싶지 않고, 엄마와 많은 시간을 함께 보내고 싶지 않다. 엄마는 딸이 함께하지 않으면 외로워진다. 분노에 찬 엄마는 나에게 더 비합리적으로 행동한다. 결국 엄마와의 관계는 멀어지고 나는 외로워진다.

### 현실 검증하기

현실 검증을 위한 몇 가지 방법이 있다.

먼저 가능성을 모색한다. 단일 사슬과 같은 사고를 여러 가능성으로 전환하는 것이다. 앞의 사례에서 내가 비합리적인 행동을 보이면 엄마는 나와 멀어지는 것 말고 어떤 행동을 할 수 있을까? 순간 화가 나지만 나를 용서하거나 마지못해 자신의 입장을 유보할 수도 있다. 반대로 엄마가 비합리적으로 행동하면 나는 정말 한평생 엄마를 모른 척할까? 엄마와 잠시 멀어지겠지만 두 사람의 관계는 결국 회복될 것이다.

현실 검증을 위해 당사자를 찾아 확인하는 일도 좋다. 화가 나지 않았을 때 엄마에게 직접 말해 보자.

"이번 일로 엄마하고 내가 멀어질 거는 아니잖아요. 서로 섭섭한 일은 있지만 그렇다고 이 일로 평생 안 보고 그럴 수는 없지 않아요?"

이처럼 당사자와 이야기해 현실적인 답을 얻을 수 있다.

또 주변 사람과 함께 탐구하는 일도 도움이 된다. 주변의 다양한 사람들과 자동적 사고의 내용을 탐구해 보자. 그들이 항목별로 다양한 생각을 제공해 경직된 사고를 유연하게 해 줄 것이다. 그러면 많은 가능성 중에서 상황에 가장 적합한 것을 선택하면 된다.

분노 배후의 논리, 즉 자기 제한의 논리에 대해 다시 생각하고 머릿속으로 논리를 다시 세울 때 자신이 스스로 지금껏 검증되지 않은 두려움 속에 살았다는 사실을 깨닫는다. 이때는 내면이 자유로워지고 맹목적으로 두려워하지 않는다. 그러면 더 넓고 편안하고 유쾌한 세계를 경험하고 분노를 일으키는 사람은 줄어든다.

## 상대방이 가진 두려움의 실체를 파악하라

다른 사람이 나에게 분노할 때 그의 내면의 두려움이 무엇인지 알아보고 함께 자동적 사고의 논리 사슬을 탐구해 보자.

한 여성이 말했다. "저의 육아 관념은 남편과 너무 달라요. 남편은 아이에게 너무 냉담하고 무정해요."

당신이 남편이라면 의문이 생긴다. "왜 아이에게 이 정도로 관심을 집중해야 하는지 말해 줄래? 나는 당신을 이해하고 싶어. 당신의 세계에서 우리의 아이가 충분히 관심받지 못하면 어떻게 되지?"

이러면 아내가 무엇을 두려워하는지 이해할 수 있다. 그리고 아내를 위로하고 함께 토론하고 개선한다면 아내는 자신의 분노 너머에 있는 불안이 얼마나 현실과 동떨어졌는지 깨닫는다. 그리고 그렇게 불안해할 필요는 없으며, 아이에게 그 정도로 집중하지 않아도 된다는 사실을 깨닫는다.

# 내 안의 분노 톺아보기

**1** 분노 배후에 있는 결과와 두려움에 관한 자동적 사고의 논리 사슬을 찾아보세요.

**2** 자동적 사고의 비합리적인 부분을 찾아보세요.

**3** 그것 때문에 어떤 감정을 느끼나요?

**4** 상대방의 자동적 사고로 분노한 적이 있나요?

..........

..........

..........

..........

**5** 그럴 때 어떻게 그 사고의 사슬을 끊고 이해를 시켰나요?

..........

..........

..........

..........

7장

# 분노는 사랑이다

## 사랑에 대한 결핍이 분노를 유발한다

사람은 분노하면 타인에게 자신의 요구사항을 강하게 밀어붙인다.

"당신은 책임감이 있어야 하고, 말을 잘 들어야 하고, 성실해야 하고, 약속을 잘 지켜야 하고, 진취적이어야 하고, 절약해야 하고, 예의가 있어야 하고, 마음이 넓어야 해. 그러니까 내가 맞다고 생각하는 것을 당신은 그냥 하면 돼."

하지만 이렇게 생각해 본 적 있는가.

**왜 상대방에게 그런 요구를 하는가?**

**그 사람이 그 일을 하는 것이 나와 무슨 상관이 있는가?**

분노에 장점이 전혀 없다면 아무도 다른 사람이 잘못했을 때 불같이 화를 내지 않을 것이다. 세상에 이기적이고 나태하며 성실하지 않은 사람들이 셀 수 없이 많은데 설마 모두에게 화를 낼 것인가?

무엇에 분노했든, 상대방의 무엇을 바꾸고 싶든, 상대방의 어떤 가치관을 바꾸고 싶든, 분노를 선택했다면 그 배후의 이익이 자신에게 주는 상처보다 크기 때문이다. 분노의 최종 목표는 '그는 헌신하고 내가 수혜를 입는 것'이다.

분노를 통해 추구하는 이득은 '사랑'이다. 분노는 사랑받고 싶은 욕구이기 때문이다.

사랑이란 이해, 인정, 관심, 중시, 존중, 지지, 도움, 보호, 수용의 뜻을 담고 있다. 분노는 이런 욕구를 충족하지 못했기 때문에 생긴 것이고, 분노할수록 그만큼 사랑이 결핍되었다는 뜻이다.

## 분노의 배후에는 사랑의 결핍이 있다

한 어머니가 말했다. "아이가 벌써 여덟 살인데 아직도 너무 자주 울어요. 조금이라도 마음에 안 들면 큰 소리로 울기 시작하니 답답하고 화가 나요."

여덟 살 아이가 우는 것은 얼마나 정상적인 일인가. 아이가 우는데 왜 분노하는가. 이 어머니가 아이에게 붙인 라벨은 '무능'이다. 그녀는 '울음은 무능함의 표현'이라고 생각한다. 하지만 아이의 무능함이 나에게 어떤 영향을 미칠까? 나는 왜 분노해야 하는가? 다른 집 여덟 살 아이가 무능하다고 해서 내가 분노할까? 오히려 몰래 좋아할지도 모른다.

이 여성의 분노 뒤에는 이런 논리가 있다.

'네가 무능하면 내가 너를 돌봐 줘야 해. 네가 울면 나는 너를 달래 줘야 해. 하지만 너를 달래 주려니 괴로워. 난 이미 많이 지쳤는데 쉴 수 없다는 뜻이잖아. 나는 할 일이 너무 많아서 힘들어.'

이 여성은 아이의 무능은 엄마에게 피해를 준다고 생각한다. 그녀의 분노가 품은 참뜻은 '너는 나를 귀찮게 해!'다. 따라서 이 여성이 자녀에게 분노하는 진짜 이유는 아이가 무능하거나 자주 울어서가 아니라 자신을 귀찮게 해서다. 그렇다면 귀찮음을 거부하는 것은 어떤 사랑의 욕구일까? 그녀가 바라는 것은 '이해'이다. 그러니 이 어머니의 분노가 뜻하는 바는 바로 이것이다.

**'부탁이야, 나를 이해해 줘! 나는 정말 지쳤으니까 더 이상 울지마.'**

그녀의 내면에는 이해받고 싶은 욕구가 있다. 하지만 여덟 살 자녀가 이 욕구를 만족시켜 주지 못하자 화가 났다. 그렇다고 자신의 욕구를 직접적으로 대면할 수는 없다. 여덟 살 아이에게 이런 욕구는 너무 지나친 것 같기 때문이다. 그래서 잠재의식은 '나를 이해해야 해'보다 듣기 편하고 수용될 수 있는 욕구로 바꿔서 드러냈다.

'무능함을 드러내지 않았으면 해. 그것은 너를 위해서야.'

이 여성은 왜 여덟 살 자녀가 자신을 귀찮게 하는 것을 허락할 수 없을까? 여덟 살 아이는 원래 사람을 귀찮게 하고, 자신의 부모를 이해할 능력과 의무가 없다. 이 아이의 어머니는 이렇게 생각한다.

'매일 집안일과 회사일 등 귀찮은 일이 이미 많아. 남편도 나를 이해해 주지 않고 회사 상사도 나를 이해해 주지 않아. 너무 힘든데 아무도 나를 도와주지 않네.'

이 여성은 자신의 삶에서 '이해'라는 욕구가 줄곧 충족되지 않았고 그 욕구는 어쩔 수 없이 여덟 살 아이를 향했다. 아이를 통해 그 욕구를 가장 쉽게 실현할 수 있기 때문이다.

상대방이 나에게 마음을 쓸수록 나는 분노를 이용해 상대방을 위협하고 만족감을 얻기 쉽다. 이 여성의 가정에서 그녀에게 가장 마음을 쓰고 그녀의 욕구를 가장 잘 충족시키는 사람은 바로 여덟 살 아이였다.

누구에게 분노하든, 무엇에 분노하든 계속 따져 보면 그 배후의 실질적인 영향을 찾을 수 있다.

누군가 말했다.

"그 사람이 나를 돌볼 필요는 없어요. 그가 나를 만족시킬 필요도 없어요. 나에게서 멀어지고 상처 주는 말만 안 하면 돼요."

이 말에 드러난 기대는 '그 사람이 나에게 상처 주는 말을 하지 않았으면'이다.

구체적으로 그 사람은 나에게 어떻게 상처를 주었을까? 내면의 논리는 아마도 '그 사람이 상처 주는 말로 나의 자신감을 공격하면 나는 내가 가치 없는 사람이라고 여긴다'이다. 바꿔 말하면 그 사람의 생각을 멈추고, 입을 다물게 하고, 자신의 주관을 억눌러서 나의 가치를 보호하고 싶다는 말이다.

이런 경우 나에게 필요한 사랑은 '존중, 인정, 보호'다. 이 순간 그 사람이 나의 가치를 보호하길 바란다는 것은 무슨 뜻일까. 나의 가치가 이미 약해졌고, 다른 곳에서도 인정을 받지 못해서 상대방이 나를 부정하면 완전히 무너질 수도 있다는 의미다. 지금 나의 가치를 가장 보호해야 할 사람은 상대방이므로 인정받고 싶은 욕구는 그를 향한다.

따라서 무엇 때문에 분노하든 결국 사랑의 결핍을 발견한다. 일탈하는 연예인, 거리에 침을 뱉는 행인, 드라마 속 악역 등 분노하는 일이 나와 상관없어 보여도 생각과 논리를 따지다 보면 나에 대한 영향을 찾을 수 있다.

자신을 어떠한 역할에 대입하든 자신의 이익이 침범받기라도 한 듯 분노가 가득 찬다. 드라마에 차별받는 역할이 등장하면 시청자는 분노한다. 이들은 자신이 존중받지 못했을 때의 감정을 대입하기 때문이다.

## 우리가 해결해야 하는 것은 분노가 아닌 결핍

분노한 사람은 오랫동안 아무것도 먹지 못한 사람이 음식에 달려들듯 무섭게 상대를 물어 버리고 싶은 심정이다. 배고픔을 잘 참고 있다가도 '음식'이라는 매개체가 허기를 자극한 것이다. 그러니까 지금 내 앞에 있는 상대가 분노를 느끼도록 자극한 것이 아니라 내면에 계속 존재하던 결핍이 이를 가장 잘 만족시켜 줄 사람을 찾아낸 것이다.

분노는 말한다.

'부탁이야, 내가 계속 가지고 있던 욕구를 충족시켜 줘!
다른 사람은 나를 사랑하지 않고 나도 나를 사랑하지 않아. 하지만 당신은 나를 사랑해야 해. 당신이 나를 사랑하지 않으면 나는 굶어 죽을 거야!'

게다가 내면이 결핍될수록 타인에 대한 분노는 강해진다. 함께하고 있는 사람에게 결핍을 느낄수록 상대방이 몇 시에 귀가하는지, 매일 무엇 때문에 바쁜지 누구와 같이 있는지 문제 삼는다. 반대로 내가 타인과 즐겁게 시간을 보내고 있다면 배우자가 몇 시에 귀가하는지 신경 쓸 여유가 없다. '존중'이라는 욕구가 결핍될수록 상대방이 선물을 보냈는지, 자발적으로 전화하는지 따진다. 또 매번 냉전을 벌일 때마다 누가 먼저 고개를 숙이고 누가 먼저 굴복하는지 신경전을 벌인다. '인정'이라는 욕구가 결핍될수록 비판과 지적을 견디지 못하고 부정당하는 것에 강렬하게 저항한다.

분노가 문제가 아니다. 분노는 결핍감을 해결하는 방법일 뿐이다. 분노를 깊이 이해하는 것은 사실 나의 결핍감을 해결하는 길이다. 이는 열이 나는 원리와 같다. 열은 자기 보호를 위한 수단이지 해결해야 할 문제가 아니다. 해결해야 하는 것은 바이러스와 세균, 수면이나 식습관 같은 문제다. 해열제를 맹목적으로 사용하는 것을 지양해야 하듯이 발산되는 분노를 맹목적으로 억누르는 것은 좋지 않다.

## 어떻게 욕구를 표현해야 할까?

하지만 상대방에게 사랑에 대한 욕구를 솔직하게 표현하기에는 2가지 고충이 있다.

첫째, 자신의 욕구를 의식하기 어렵다. 분노하면 '내가 무엇이 필요한가'가 아닌 '상대방은 그렇게 하면 안 된다'라는 생각에 빠지게 된다.

둘째, 의식했어도 말하기 어렵다. 상대방에게 사랑에 대한 욕구를 직접 표현하면 자존심이 상하는 것 같다. 이런 경우 잠재의식은 2가지 방식으로 분노를 위장한다.

'이건 당신이 반드시 해야 해.' 나를 위해서가 아니라 진실을 위해서 해야 한다고 말한다. '자녀는 순종해야 한다', '학생은 공부를 해야 한다', '직원은 일을 열심히 해야 한다'처럼 이렇게 해야 하는 이유는 그것이 진리이기 때문이다.

'당신을 위해서야.' 내가 원해서가 아니라 당신의 미래를 위해 이렇게 하는 것이라 강조한다. 옳은 일, 마땅한 일을 하면 미래에 이익, 조화로운 관계, 성공을 얻는다고 설득하고 나 자신은 약간의 이득을 볼 뿐이라고 말한다.

분노는 많은 경우 상대방을 위한 목적이 되기도 한다. 특히 많은 부모가 자녀에게 분노하는 이유는 아이를 사랑하기 때문이기도 하지만 동시에 내면의 결핍감을 만족시키기 위함이기도 하다. 다만 부모는 자녀에게 이로운 목적만 드러내고 자신의 염원은 무의식적으로 감춘다.

분노한 사람은 '내가 분노하는 건 당신을 중시하기 때문이야'라고도 말한다. 사실 이 말은 생각의 반만 전달했을 뿐 그다음 말을 하지 않았다. '나는 당신에게 마음을 쓰고 있어, 왜냐하면 나는 당신이 필요하니까. 나는 당신이 나의 감정을 돌봐 줄지 신경이 쓰여. 난 당신이 필요한데 왜 나를 사랑하지 않는 거야?'

분노, 그것은 '나는 불쌍하니까 사랑받아야 해'라는 외침이다.

# 내 안의 분노 톺아보기

1 분노했을 때 상대방에게 붙인 라벨과 요구를 찾아보세요. 그리고 그 요구가 어떠한 욕구와 대응하는지 생각해 보세요. 상대방이 요구에 응하여 행동했다면 당신에게 어떤 만족감을 주었나요? 상대방이 행동하지 않았다면 당신에게 어떤 결핍감을 주었나요?

2 결핍감을 느꼈을 때 상대방의 빈 자리 외에 또 무엇을 만족하지 못했나요?

3 평소에 어떤 결핍을 느끼나요?

4 다음의 문장을 완성하고 큰 소리로 읽어 본 후 어떤 기분인지 생각해 보세요.

- 만약 당신이 ............(라벨), 나는 ............(결핍된 부분)을 느낄 수 있어서 사랑받는 기분일 거야.

## 수시로 요구하면 관계는 흔들린다

분노는 말한다. '나는 당신이 필요해. 내가 편안해질 수 있는 일을 당신이 하면 좋겠어. 당신이 나의 감정을 살피고 내 마음의 결핍을 채워 주면 좋겠어.'

답답한 마음에 화를 내고, 소리를 지르고, 애원하고 심지어 위협도 마다하지 않는다. 하지만 나는 그 사람이 간절히 필요해도 그 사람은 나를 만족시켜 줄 수 없고 그럴 생각도 없다는 것을 깨닫는다. 원하지만 가질 수 없을 때, 슬픔이 찾아온다.

이렇게 고통스럽고 만족하지 못하면서 왜 상대방을 떠나지 않을까? 그 사람을 바꿀 수 없더라도 자신의 삶을 위해 어쩔 수 없기 때문이다.

상대방이 나의 자녀일 수도 있다. 자녀가 내가 원하는 모습으로 변하지 않아도 떠날 수 없다. 상대방이 배우자라면 여러 가지 현실적인 요인으로 떠날 수 없다. 상대방이 회사 사장이라면 역시 떠나지 못하는 많은 이유가 있을 것이다. 분노할 때 상대방에게 바라는 것을 얻지 못했을 때보다 더 큰 고통은 바라는 것을 얻지 못했음에도 떠나지 못하는 것이다.

떠날 수 없다면 평화롭게 함께하는 것이 낫다. 기대를 품지 말고 다른 곳에서 만족감을 찾는 법을 배우면 최소한 마음이 편안해진다. 하지만 그 방법을 배우지 못하고 상대방이 나를 존중하고 배려하며 도와줄 것이라는 기대를 버리지 못하면 더 큰 슬픔이 찾아온다.

관계를 유지하고 싶다면 해결 방법을 생각해야 한다. 고통에는 반드시 해결책이 있기 마련이다. 소통 방법에 관한 책을 읽을 수도 있고 친구에게 가르침을 구할 수도 있다. 또 인터넷에서 남과 잘 지내는 방법을 배울 수도 있다. 이를 위해서는 시간을 들여 생각하고 돈을 써야 하는데 이런 것들을 절약하려고 아이처럼 '내가 원하니까 줘야 해!'라고 칭얼댄다.

필요한 것을 깊은 생각 없이 당연하다는 듯이 요구하면 관계는 흔들린다. 더욱 우울한 것은 그럼에도 얻지 못하는 것이다. 그러면 결핍된 나, 공허한 나는 물에 빠진 사람처럼 버둥거리다 더 깊은 절망에 빠질 뿐이다.

## 관계를 죽이는 '원인 감정'

이들의 버둥거림은 이렇게 표현된다. 그 사람에게 끊임없이 '당신은 마땅히'라고 주입하는 것이다.

"그 사람이 틀렸으므로 마땅히 고쳐야 한다." 하지만 그 사람은 무슨 근거로 고쳐야 할까? "사람들은 모두 그렇게 해야 하기 때문에 그 사람도 마땅히 그렇게 해야 한다."

하지만 그는 무슨 근거로 그렇게 해야 할까?

"내가 그 사람에게 불만이 많기 때문에 그 사람은 마땅히 해야 한다."

그래서?

"내가 원하므로 그 사람은 마땅히 줘야 한다."

무슨 근거로? 합당한 지적을 한다면 백 번 동의한다. 그 사람 때문에 불만을 느꼈고, 그 사람이 틀렸고 잘못했다면 마땅히 고쳐야 한다.

하지만 '마땅히'가 무슨 소용이 있을까? '마땅히'가 유용하다면 모두 함께 규칙을 만들면 된다. 함께 규칙을 제정하고 모두 지키면 평화로운 세상이 찾아올 것이다. 하지만 그 사람은 나에게 동의하지 않고 고칠 생각도 없다. '마땅히'를 논하는 의미가 없는 것이다. 그러면 분노하고 폭발하고 싶고 원망이 차오르면서 그 사람을 벌주거나 버리고 싶다. 하지만 그래도 소용없다. 원인 감정은 관계의 킬러다. 원인 감정이 강할수록 상대방에 대한 분노도 강해진다.

## 그 사람이 왜 나를 위해 변해야 하는가?

세상의 모든 분노는 사실 한마디 때문이다.

**'당신은 원하는 것이 많지만 자격이 없다.'**



자신이 자격이 있다고 생각하면 '당연함'을 요구한다. 하지만 상대방의 잠재의식은 자신이 희생하기에 상대의 자격이 부족하다고 생각한다. 그래서 상대가 원하는 대로 행동하지 않고, 나는 이에 분노하게 된다.

분노는 자신을 너무 존중한 나머지 상대방이 희생할 만하다고 생각했는데 바람대로 이뤄지지 않을 때 드러난다.

그런데 상대는 왜 희생해야 하는가? 나의 요구가 다른 사람을 편안하고 즐겁게 해 준다면 상대방은 진작 요구대로 했을 것이다. 내가 '마땅히', '반드시'와 같은 말로 가르칠 필요도 없다. 내가 분노하고 비난했음에도 상대방은 하고 싶지 않고 바꾸고 싶지 않은 이유는 그 사람에게 그 일이 고통스럽기 때문이다.

**그는 왜 나를 위해 희생해야 할까?**

**그는 무엇 때문에 고쳐야 할까?**

**내가 원하기 때문에 그가 고쳐야 할까?**

상대방이 나를 위해 변하지 않는 것은 정상이다. 나를 위해 변하면 오히려 비정상이다.

사람이 자신을 변화시키는 것은 2가지 동력을 기반으로 한다.

- 위험 회피
- 이익 추구

이는 매우 간단하고 직접적이며 익숙한 동력이지만 이를 세심하게 갈고 다듬는 사람은 많지 않다. 사람들은 왜 자신을 변화시키려고 하는가? 예를 들어 열심히 운동하고 책임감도 강해 야근도 마다하지 않는 사람이 있다. 그는 자신이 멋진 모습으로 변하지 않으면 아무도 자신을 좋아하지 않을 것이라 생각한다. 이는 '위험 회피'다.

한편 우수한 사람으로 변하면 더 많은 사람이 나를 좋아한다고 생각한다. 이는 '이익 추구'다. 사실 어떤 단점이나 장점이 있는지는 중요하지 않다. 중요한 것은 내가 그렇게 생각하기만 하면 적극적으로 변화를 추구한다는 사실이다. 그런데 상대방이 이런 결과에 관심이 없거나 이런 논리에 동의하지 않으면 적극적으로 변화를 도모하지 않는다.

상대방의 변화를 원한다면 그 사람의 세계에서 그의 논리대로 생각해야 한다.

**그 사람이 고통을 참고서라도 변하고자 한다면 그의 고통보다 큰 장점은 무엇일까?**
**그가 변화를 위한 고통을 거부한다면 그의 고통보다 더한 단점은 무엇일까?**

이는 그 사람을 유인하거나 위협하여 변화의 고통을 참게 할

밑천이 무엇인지 생각해야 한다는 의미다. 이 문제를 잘 생각하면 누구든 변화시킬 수 있다. 이 문제를 깨닫지 못하면 아무리 분노해도 소용없다.

## 관계 개선을 위한 해결책

스스로에게 이렇게 질문해 보자. 이치를 논하는 것이 유용할까? 유용할 때도 있지만 나의 이치가 상대방을 감동시키지 못하면 소용없다.

지적은 유용할까? 그럴 때도 있겠지만 상대방이 겁먹지 않으면 역시 소용없다. 나의 날카로운 모습과 감정적인 모습만 드러낼 뿐 상대방을 변화시킬 수 없다.

헌신은 어떨까? 물론 유용할 때도 있다. 헌신이 유용한 이유는 이를 통해 상대방이 나를 더 중요하게 생각하기 때문이다. 그러면 상대방은 나를 잃을까 봐 두려워서 나에게 잘해준다. 하지만 상대방이 언제든 나의 헌신을 포기할 수 있으므로 효과는 제한적이다.

우수한 사람이 되면 어떨까? 상대방이 나의 신세를 지고 싶어 나와 가까워졌을 때는 유용하다. 하지만 나의 우수함이 상대방에게 아무런 가치도 없다면 내가 8개 국어를 한다고 한들 상대방을 변화시킬 수 없다.

그렇다면 무엇을 해야 절대적으로 유용할까? 바로 '상대를 이해하는 것'이다.

어떠한 일에 내재된 논리를 어떻게 보는지, 무엇을 중시하고 좋아하고 걱정하는지, 왜 그렇게 행동하고 왜 그렇게 행동하지 않는지, 이익은 무엇이고 변화의 걸림돌은 무엇인지 이해해야 한다. 하지만 다른 사람을 이해하려면 시간, 에너지, 마음을 써야 하므로 이를 즐기는 사람은 많지 않다.

상대방을 이해했지만 그가 여전히 변하지 않았다면 어떻게 할까? 이해는 첫 단계일 뿐이다. 두 번째 단계는 상대방이 두려워하는 것으로 협상하는 것이다. 상대방이 원하는 것으로 거래를 할 수도 있다. 카드가 충분하면 상대방이 변하지 않는다고 두려워할 필요가 없다. 하지만 문제는 '나에게 그 카드가 있는가?'이다.

거래가 이뤄지는 관계의 장점은 뭘까. '무슨 근거로', '나에게 어떠한 밑천이 있는가'를 다시 생각하다 보면 관계 개선을 위한 해결책을 찾을 수 있다. 그런데 거래하는 사랑은 진짜 사랑이 아니며 관계에 '거래'라는 전제 조건이 있으면 안 된다고 생각하는 사람들이 있다. 하지만 나는 이 모든 것도 다 사랑이라고 말하고 싶다. 거래가 사랑이 아니라고 생각하는 이유는 무조건적 사랑을 갈망하기 때문이다.

우선 상대방이 어째서 무조건적 사랑을 주어야 하는지는 차치하고, 상대방이 그런 사랑을 준다고 해도 진심으로 받을 수 있을까? 무조건적 사랑을 받다 보면 의존하게 되는데 정말 의존하는 관계를 원하는가? 언젠가 상대방이 갑자기 떠나가면 아무것도 남지 않는 결과를 받아들일 수 있는가?

거래하는 관계는 평등하고 안정적이다. 거래라는 어휘가 싫다면 '서로'와 같은 다른 단어로 대체해도 좋다.

서로 지지하고, 서로 도와주며, 서로 이해하고, 서로 인정하고, 서로 사랑한다….

## 내 안의 분노 톺아보기

**1** 분노했을 때 욕구가 무엇이었는지 찾아보고 상대방이 당신의 욕구를 만족시켜야 하는 이유를 써 보세요.

**2** 그 이유에 대해 어떻게 생각하나요?

**3** 상대방 관점에서 생각해 보세요. 상대방이 당신을 만족시키고 당신을 위해 변한다면 그에게 어떤 단점과 손실이 있을까요? 어떤 장점과 이득이 있을까요?

**4** 상대방은 이런 장점 또는 단점을 어떻게 바라볼까요? 이는 그가 원하는 것인가요?

# 나를 사랑하는 첫걸음, 인위적 헌신을 멈추자

사랑하는 이를 위해 처음 헌신할 때는 기쁜 마음으로 임한다. 이는 사랑의 본능이다. 마음에 사랑이 있으면 에너지가 충만하고 뭐든지 주고 싶은 갈망이 생긴다. 이런 경우 상대방의 보답은 중요하지 않다. 이를 '존재적 헌신'이라고 한다. 존재적 헌신은 즐겁고 자유로우며 편안한 상태에서 자의에 의해 이루어진다. 억지로 행동하지 않고 자신의 생각대로 스스로 즐거운 일을 하니 자신에게도 이득이다.

예를 들어 길가를 떠도는 유기묘를 보면 먹이를 주고 싶다. 길을 건너는 노인을 보면 부축해 주고 싶다. 곤경에 처한 친구를 보면 돕고 싶다. 마음에 드는 이성을 보면 잘해 주고 싶다. 울고 있는 아이를 보면 안아 주고 싶다. 집 안에 굴러다니는 쓰레기를 보면 저도 모르게 줍는다. 이럴 때 내가 존재함으로써 헌신이 이루어진다.

그런데 헌신은 즐거움을 주는 적정치가 있다. 적정치 안에서의 헌신은 자발적이고 유쾌하다. 하지만 적정치를 넘어서면 인위적으로 행동하는데, 이것이 계속되다 보면 자기 강요가 시작된다. 이 경우의 헌신을 '인위적 헌신'이라고 한다. 인위적 헌신은 하고 싶지 않지만 미래, 관계, 이익을 고려하거나 책임감, 또는 도덕성 등의 이유로 어쩔 수 없이 선택한 이성적인 헌신이다.

## 분노를 유발하는 '인위적 헌신'

양로원에서 봉사활동을 할 때 까다로운 노인을 만나 마음이 불편해지면 봉사를 멈추고 실망할 수는 있지만 화가 나지는 않는다. 하지만 마음이 불편해졌는데도 그 감정을 억누르고 계속 노인을 보살피면 어느새 화가 난다.

맨 처음 자녀의 숙제를 지도할 때는 자녀가 기특하기도 하고 자녀에게 나의 지적 수준을 보여 주는 것 같아 유쾌하다. 이런 경우는 존재적 헌신이다. 하지만 시간이 지나 자녀와 나의 생각이 다른 차원에 있다는 것을 느끼면 불편해진다. 이때 숙제 지도를 과감히 포기하면 분노하지 않는다. 하지만 감정을 참고 계속 지도하는 헌신은 자기 강요다.

한 학생이 말했다. "저는 친구에게 화가 나요. 친구는 나와 밥 먹을 때 다른 사람의 기분을 살피지 않고 자신이 좋아하는 것만 먹어요. 단지 밥 먹는 문제이지만 그게 불편해요."

이는 학생이 친구에게 밥을 사는 상황이라고 판단할 수 있겠다. 만약 친구가 밥을 산다면 친구가 좋아하는 음식을 먹어도 분노하지 않는다. 자신이 돈을 내고 좋아하는 음식을 먹는 것은 당연하다. 이 학생은 기껏해야 친구와 밥을 같이 먹어 주는 정도의 헌신을 한 것이다.

만약 이 학생이 좋아하는 여성에게 식사를 대접했다면 그녀가 좋아하는 음식만 먹어도 그저 귀여울 뿐 분노하지 않는다. 좋아하는 여성과 함께 식사하고 싶은 것은 이 학생의 욕구이고 희생은 크지 않다. 이런 경우는 존재적 헌신이다. 하지만 애초에 친구에게 밥을 사 주고 싶은 마음이 크지 않았다면 쉽게 분노한다. 그는 친구의 감정을 살피고 식사를 대접했지만 친구는 그의 감정을 고려하지 않았기 때문이다. 이런 경우는 인위적 헌신이다.

대가를 받지 못하는 것 자체로는 분노하지 않는다. 헌신이라는 자기 강요를 했음에도 불구하고 대가를 받지 못했을 때 분노한다.

## 인위적 헌신은 감정적 소모일 뿐이다

존재적 헌신은 인생의 자양분이 된다. 진심 어린 마음으로 타인에게 잘해 주면 만족감과 존재의 가치를 느끼고 여유로워지는 의미 있는 경험을 한다. 이런 경우는 행동할 때마다 감동한다. 하지만 인위적 헌신은 소모적이다. 그 사람 또는 그 일이 싫지만 그래도 해야 한다고 스스로에게 강요하면 가장 적은 소모를 통해 최고의 결과를 얻고자 한다. 인위적 헌신의 본질은 희생이다. 자신의 유쾌함, 편안함을 희생하고 다른 사람을 만족시키는 것이다.

그런데 원하지 않은 희생을 하면 미워하고 원망하는 마음이 생긴다. 이것이 바로 인위적 헌신이 힘든 이유이다. 사람은 힘들면 상대방의 관심과 배려가 필요한데 이때 잠재의식은 이렇게 말한다.

'더 이상 나를 이용하지 마! 난 희생하고 싶지 않아! 당신이 나를 돌봐야 해, 내가 이 일을 억지로 한 것은 다 당신을 위해서였어. 내가 이렇게 많은 것을 바쳤는데 당신은 왜 보답하지 않아? 왜 나의 욕구를 만족시켜 주지 않는 거야? 어째서 내가 편안해지는 일을 조금도 하지 않는 거야?'

희생으로 분노한 사람에 대해 다시 생각해 보자.

'희생하고 싶지 않다면서 왜 하는 걸까? 정말 상대방을 위해서인가?'

회사일로 이미 몸이 지쳤는데도 자녀의 수면과 식사를 신경쓰는 것은 책임감 있는 부모의 행동이다. 하고 싶지 않은데 싸우고 싶지 않아서, 상대방의 기분 때문에 어쩔 수 없이 하면 상대방을 위하는 것처럼 보인다. 하지만 사실 모든 인위적 헌신은 자신을 위해서다. 더 원하는 것이 있기 때문에 억울함을 느끼는 일을 선택한 것이다.

억지로 자녀를 돌보는 것은 좋은 부모라는 이미지를 만들어 자신의 죄책감을 해소하기 위해서다. 야근을 하는 이유는 상사에게 좋은 인상을 남겨 승진하고 싶어서다. 다른 사람에게 돈을 빌려주는 것은 관계를 잃을까 봐 두려워서다. 이는 상대방보다 그 관계를 더 필요로 한다는 것을 설명한다. 나의 헌신이 다른 사람을 위한 것이기도 하지만 더욱이 자신을 위한 것이다.

따라서 분노했을 때 스스로에게 물어보자.

**'상대방을 위해 무엇을 바쳤는가? 나의 헌신은 정말 내가 원하는 것인가? 아니면 자신의 마음을 거스르고 하고 싶지 않은 일을 하였는가? 만약 그렇다면 자신을 위해 무슨 일을 해야 하는가?'**

## 내가 진짜 원하는 것을 선택할 때 분노는 줄어든다

분노는 바로 '내 감정 돌보기'가 부족하기 때문이다. 앞으로는 분노하기 전에 이를 먼저 명심하자.

**'내 감정이 책임보다 중요하다'**

책임져야 할 일이 많다고 생각할 수도 있겠다. 하지만 어떤 사람은 자신의 감정을 일 순위에 두고 불편하거나 원하지 않는 일은 하지 않는다. 모든 사람이 해야 한다고 여겨도 그렇다.

**'내 감정이 옳고 그름보다 중요하다'**

일에 옳고 그름이 있는 건 사실이다. 하지만 누군가는 자신의 감정을 우선시한다. 자신이 편안한지가 옳은 행동을 했는지보다 중요하다.

**'내 감정이 상대방보다 중요하다'**

사람들은 대개 상대방의 기분을 살피고 상대방이 실망하지 않도록 자신의 억울함을 선택한다. 하지만 자신의 감정을 중시하는 사람은 '나는 당신이 기쁘길 바라지만 나의 좋은 기분까지 희생해 가며 당신을 기분 좋게 하고 싶지는 않아.'라고 생각한다.

**'자신의 감정이 화목함보다 중요하다'**

화목한 관계도 중요하다. 하지만 자신의 감정을 중시하는 사람은 '갈등이 없으면 좋지만 갈등을 없애기 위해 불편함을 감수해야 한다면 차라리 갈등을 일으키겠어.'라고 생각한다.

이런 선택이 바로 자신을 사랑하는 것이다. 자신을 사랑하면 인위적 헌신을 줄이거나 멈추고 자신의 감정을 돌본다. 자신의 감정을 돌보면 다른 사람에 대한 욕구가 강하지 않다. 그러면 다른 사람이 나를 만족시키지 않아도 충분히 인내할 수 있다. 분노는 그렇게 줄어들기 시작한다.

물론 모두가 이기적으로 살아야 한다고 말하는 것이 아니다.

그러면 이 세상은 누가 만들어 가겠는가? 위기가 닥쳤을 때 누가 나서겠는가? 우리의 소방관, 의료진, 경찰들은 자신의 감정 때문에 헌신하면 안 된다는 말인가?

공헌은 미덕이다. 하지만 강요로 실행되어서는 안 된다. 만약 공헌을 통해 경험한 의미가 다른 것보다 크다면 공헌을 선택하는 것 자체가 자신의 감정을 돌보는 일이다. 자신이 진짜 선택하고 싶은 것을 선택하는 것이 자신의 감정을 돌보는 일이다.

## 내 안의 분노 톺아보기

1 분노했을 때 상대방을 위해 무엇을 했나요? 하고 싶지 않지만 어쩔 수 없이 한 일이 있나요? 자신의 마음속 진실한 감정을 어떻게 위배했나요?

2 당신의 헌신이 어느 관점에서 상대방을 위한 것이라고 말할 수 있나요? 어느 관점에서 자신을 위한 것이라고 말할 수 있나요?

3 이에 대해 어떤 기분이 드나요?

4 자신의 감정을 잘 돌보기 위해 무엇을 할 수 있나요?

부록

# 분노 메커니즘 분석표 사용법

[분노 메커니즘 분석표]는 자신과 다른 사람의 분노를 탐색하는 데 도움이 된다. 자신의 분노에 대해 탐색할 때 다음의 단계를 밟아 보자.

### 1단계 분노 유발 사건 기록하기

무슨 일로 누구에게 분노했는가? 언제 일어났는가? 나를 분노하게 한 사건을 짧게 요약하고 기록하며 분노의 배후에 무엇이 숨겨져 있는지 생각을 정리한다.

분노를 분석할 때 대략적으로 탐구하고 싶다면 10분 정도 투자하고, 정밀하게 구체적으로 탐구하고 싶다면 30분 이상 투자한다.

### 2단계 라벨 찾기

타인의 행위를 어떻게 이해하고 있는지 알아볼 수 있는 라벨을 찾는다. 분노했을 때 우리가 타인에게 붙인 라벨은 부정적인 라벨로 -A라고 표기한다. 이기적이다, 나태하다, 통제욕이 강하다, 향상심이 부족하다, 자율적이지 않다 등이다. 반대로 부정적인 라벨의 반의어를 찾아 긍정적인 라벨을 의미하는 +A로 표기한다. 타인을 배려한다, 성실하다, 자율적이다, 타인을 존중하다 등이 그 예다.

### 3단계 표 작성하기

표에 라벨, 부정적 감정, 사랑 등 대입해야 하는 항목 3개가 있다. 먼저 찾아낸 라벨 +A와 -A를 양식에 기입한다. 기입할 때 억울하다, 외롭다, 불안하다 등 분노의 배후에 있는 부정적이고 나약한 감정이 무엇인지 생각해 본 후 그것을 -F에 기입한다. 그 감정을 통해 기대한 사랑과 욕구가 무엇인지 생각해 본 후 L에 기입한다.

**4단계 필사 및 조정**

필사 역시 감상과 공고화의 과정이다. 매끄럽게 읽히지 않는 부분이 있다면 단어와 표현을 수정한다. [분노 메커니즘 분석표]는 고정된 양식이 아니며 모든 문장은 참고용일 뿐이다. 자신의 감정에 따라 자신이 이해할 수 있는 양식으로 조정하면 된다.

**5단계 낭독 및 감상**

[분노 메커니즘 분석표]는 크게 6개의 항목으로 나뉘며 항목마다 3개의 문장이 있다. 대략적인 탐색을 원한다면 항목을 읽어 본 후 감상한다. 정밀하고 구체적인 탐색을 원한다면 항목별 문장을 낭독하고 감상한다.

읽기는 반드시 필요한 과정이다. 마음속으로 읽어도 되고 큰 소리로 읽어도 되고 필사하며 따라 읽어도 된다. 형식은 자유롭게 선택할 수 있지만 무엇보다 음미하는 과정에서 그 글이 주는 의미를 깊이 새겨 보는 것이 중요하다.

다음과 같이 써 보자.

- 첫 번째 문장을 읽은 후의 감상
- 두 번째 문장을 읽은 후의 감상
- 세 번째 문장을 읽은 후의 감상
- 전체적인 감상

**6단계 결정**

읽은 후에 무엇을 깨달았는가? 어떤 새로운 결정을 했는가? 기록을 한 후에 어떻게 하면 자신을 더 사랑할 수 있는지 생각해 본다.

자, 이제 실천해 보자.

## 분노 메커니즘 분석

- 사건:
- 라벨:

### 1 심판

1. 당신은 (-A)야, 내가 그렇다면 그런 거야!
2. 당신의 (-A)는 틀렸으니까 그렇게 하면 안 돼, 반드시 나에게 동의해야 해!
3. 내가 생각할 때 ________(사람/역할)은 반드시 (+A)이어야 해. 반드시 그 규칙에 따라 살아야 해!

### 2 기대

4. 당신에게 (+A)를 요구해!
5. 나는 (-A)인 당신이 싫어. (+A)로 변해야 만족할 수 있어!
6. 만약 나의 요구에 따라 (+A)로 변하지 않으면 벌을 내릴 거야!

### 3 자기 요구

7. 내가 나에게 하는 요구는 (+A)야! 나는 (+A)할 수밖에 없어!
8. 나는 나의 (-A)인 모습이 싫어! 절대 나의 (-A)를 허락할 수 없어!
9. 계속 (+A)라서 나의 기분이 (-F)라고 해도 나는 (+A)를 할 수밖에 없어.

### 4 감정의 연결

10. 나 혼자 (+A)이면 (-F)야, 당신은 왜 편하게 (-A)인 건데!
11. 반드시 나처럼 (+A)이어서 똑같이 (-F)를 느껴야 해. 그러면 나는 심리적 균형을 찾을 수 있어!
12. 우리 아버지/어머니는 자주 (-F)를 느껴서 나도 아버지/어머니를 따라가고 싶어.

### 5 두려움

13. 우리는 (+A)이어야 안전하고 사랑받을 수 있어.
14. 나는 어렸을 때부터 어쩔 수 없이 (+A)였어. 증거는 ............... 야.
15. 당신이 반드시 (+A)이어야 해, 이것은 당신을 보호하는 거야!

### 6 사랑

16. 만약 당신이 (+A)라면, 나는 L을 느낄 수 있어. 나는 당신의 L이 필요해.
17. 내가 이렇게 (+A)인 것은 당신을 위해 헌신하는 거야. 그러니까 나에게 L로 보답해야 해!
18. 어렸을 때부터 아무도 나에게 L을 주지 않았어. 당신이 그들을 대신해 나에게 L을 보상해 줘!

## 자주 하는 질문

### 1 라벨을 찾는 방법은?

나의 분노에 질문을 던진다.

'나는 나를 분노하게 만든 이 사람을 어떻게 평가하는가? 그것은 어떤 행위라고 생각하는가? 상대방이 한 이 일들을 어떻게 표현하고 싶은가?'

내 마음속 평가를 관찰하고 1개 이상의 단어를 찾는다.

여러 개의 단어를 근거로 상대방 행위에 가장 적합하고 근접하다고 생각하는 단어를 찾는다. 그 단어가 바로 탐색할 만한 라벨이다. '냉정하다', '다른 사람의 기분을 고려하지 않는다', '이기적이다' 등이 그 예다.

사례

"고객과 상담 시간을 약속하고 의문 사항이 있으면 기록했다가 상담할 때 알려 주기로 했어요. 하지만 고객은 수시로 문자를 보내 문의했고, 다시 한 번 상담할 때 일괄적으로 논의하자고 했음에도 계속 문자를 보냈어요. 저는 자꾸 확인할 수밖에 없으니 번거롭고 화가 났어요. 고객이 저의 요청을 전혀 따르지 않고 약속을 어겼잖아요."

상대방에게 어떤 라벨을 붙일 수 있는지 생각해 보자. 사례자가 상대방에게 내린 평가는 다음 2가지다.

A : 나의 요구대로 하지 않는다.

B : 약속을 지키지 않는다.

평가 A의 '나의 요구'는 개인화된 표현이지만, 평가 B는 비교적 개괄적인 표현이다. 이런 경우 '약속을 지키지 않는다'는 평가 B를 라벨로 삼을 수 있다.

### 2 문구가 매끄럽지 않다면?

양식은 참고용일 뿐이다. 양식 안의 문장이 매끄럽게 읽히지 않는다면 나에게 익숙한 표현과 느낌으로 수정한다.

### 3 부정적인 감정을 찾는 방법은?

우리가 향상심, 성실함, 선량함과 같은 훌륭한 품성을 즐기며 행동할 때도 있지만 언제나 즐기지는 않는다. 원하지 않는데 이런 품성을 실천해야 한다면 부정적인 감정이 형성된다.

그때의 부정적인 감정을 -F에 기입한다.

이런 부정적인 감정을 찾으려면 원하지 않는데도 그 품성을 실천해야 하는 장면을 상상하고 나의 감정이 무엇인지 스스로에게 물어본다.

**사례**

"부정적인 감정을 발굴하기 어려워요. 분석표를 공부한 후 '나 혼자 성실히 일하면 억울하다'고 적었지만 성실히 행동한 후 억울함을 느낀 일이 생각나지 않았습니다. 감정을 잘못 찾은 걸까요? 하지만 다른 부정적인 감정도 생각나지 않아요. 아마 평소에 계속 억눌려 있어서 그런 것 같은데 어떻게 해야 저의 부정적인 감정을 찾을까요?"

'성실함'은 훌륭한 성품이지만 언제나 성실하게 행동할 수 없고, 그러고 싶지 않은데 성실함을 유지해야 한다면 불편하다는 생각이 든다. 이런 기분은 이미 익숙해져서 식별하기 어려울 때가 많다. 그러므로 조금 더 집중해서 느껴 본다.

**성실하게 행동하는 나의 모습이 마음에 드는가?**
**성실하고 싶지 않을 때에도 성실함을 유지해야 한다면 어떤 기분이 드는가?**

### 4 부모와 같은 기분이어야 할까?

'아버지/어머니는 자주 (억울함)을 느끼며, 나도 부모님과 같습니다.'
이 문장에 공감하지 못하는 사람이 많다. 자신이 부모와 같은 기분이나 생각을 가졌다고 여기지 않는다.
사실상 그것은 내면의 감정이다. 자신의 분노 뒤에 숨은 감정을 관찰하고 부모님 내면 감정과 일치하는지 비교해 보자.
이런 감정은 다음 세대로 전해진다. 의도적으로 만들어지는 것이 아니라 잠재의식의 운영 규칙이다.

**톡하면 화가 나는 당신을 위한 분노 처방전**

# 당신의 분노에는 이유가 있다

**펴낸날** 2024년 3월 10일 1판 1쇄

**지은이** 충페이충
**옮긴이** 권소현
**펴낸이** 김영선
**편집주간** 이교숙
**책임교정** 정아영
**교정·교열** 나지원, 이라야, 남은영
**경영지원** 최은정
**디자인** 정윤경
**마케팅** 신용천

**발행처** ㈜다빈치하우스-미디어숲
**출판브랜드** 더페이지
**주소** 경기도 고양시 덕양구 청초로 66 덕은리버워크지산 B동 2007호~2009호
**전화** (02) 323-7234
**팩스** (02) 323-0253
**홈페이지** www.mfbook.co.kr
**출판등록번호** 제 2-2767호

**값** 17,800원
ISBN 979-11-986324-0-1(03180)

㈜다빈치하우스와 함께 새로운 문화를 선도할 참신한 원고를 기다립니다.
이메일 dhhard@naver.com (원고 및 기획서 투고)